日中關係1500年

著＝岡本隆司
譯＝郭清華

序言
回顧過去的中日關係

混沌不明的中日關係

今年（本書初版於二〇一五年）是第二次世界大戰結束的七十週年，許多國家都舉行了紀念活動。一直以來都不和睦的中國與日本兩國，也各自舉辦了引人關注的活動。這些活動會讓原本就不平靜的中日關係好轉？還是更惡化呢？除了影響到兩國的關係外，或許還有其他更廣泛的影響。

但是，包括筆者在內，對於對嚴肅的政治問題一向不怎麼關心的一般民眾而言，今年最讓日本人感到訝異的事情，莫過於中國前往日本的觀光客大增，並且還有「爆買」的現象。日本雖然景氣好轉了，股價也上漲了，然而個人的消費能力卻不見增長，更沒有人會像中國人那樣買東西。不管是在百貨公司、精品店，還是電器用品量販商場，賣家的生意都好得不得了。

儘管如此，日本也不能高興得忘乎所以。因為中國的「反日」情緒，並沒有因喜愛日本商品而消失，甚至可以說變得更強烈。中國人不是因為喜歡日本，才會來日本的嗎？日本人會因為一次的「不喜歡」，導致去韓國旅行的人大幅減少。這是一般日本人的情緒反應，所以日本人很難理解不喜歡日本還要到日本旅行的中國人的作法。

還有，中國人為什麼要買那麼多呢？這更是超乎日本人能理解的事了。面對電視記者的採訪，中國人的回答是「要回去分送給親朋好友」。中國人好像是為了買東西，才專程來日本的。若確實如此，那麼，讓他們如此「爆買」的動機，又是從哪裡來的呢？

家電是「爆買」的人氣商品，其中最引人注意的是「免治馬桶坐墊」。這是日本精緻工業的典型商品，但是，外國觀光客到日本買很多「免治馬桶坐墊」這樣的日用品回國，想想還是有些滑稽。總之，會在國外買很多商品回去的理由，是因為在國內買不到的關係吧？然而，已經成為「世界工廠」的中國，怎麼會製造不出那樣的產品？

再怎麼想，都覺得「爆買」的行為是一個謎。日圓貶值刺激了中國人的「爆買」欲望，這是可以理解的；但是中國人的行為模式還是讓大多數日本人難以理解吧？

在這個萬事問網路的時代裡，遇到不能明白、得不到答案的問題，心裡就會特別不舒服。從筆者的立場來看，那樣的感覺，是值得重視的。然而，中國並不懂中日關係是什麼東西。

對於前述的問題，並不是不能一一作答。例如製造商品的技術、金錢與儲蓄的感覺、人際關係的態度、與政權間的關係等等，都是可以一個個回答的。但是，把這些問題全部攏在一起，要整體性地敘述中國與日本之間的關係，就變得非常難以回答。

二〇〇五年——中日關係惡化的一年

距離現在十年前的二〇〇五年，是二次大戰結束的六十週年。這一年中國各地都在進行大規模的「反日」示威活動，起因於反對日本進入聯合國安理會。隨著示威活動的進展，中日之間的領土問題、歷史問題等許多對立的爭論點被一一提出來討論，於是指責日本的聲浪此起彼落，久久無法平息。

中國人對日本不只是口頭上指責，民間的示威行動甚至升級到暴力事件。當年攻擊與破壞成都的日資商店伊藤洋華堂的事件，至今仍歷歷在目。還有，北京的日本大使館與大使公邸，也發生了被萬名左右的民眾投擲石頭的事件。示威活動也延燒到上海，動員了數萬人，以大小石頭將上海的日本總領事館砸得面目全非，門窗玻璃被砸碎的殘破模樣，讓人想忘也忘不了。被砸毀破壞的，當然不只是建築物，那段時間駐留在中國的日本人，也受到毆打、攻擊。

當時生活在中國的日本人，每天都過得戰戰兢兢吧？那些凶暴的行為真的是太可怕了。但凶暴行為卻在「愛國無罪」的理由下被正當化，這才是真正讓人感到衝擊的事情。面對自稱暴力的攻擊行動是「愛國行為」的人，不可能不感到害怕。

自此以後，日本人「討厭中國」的情緒上漲，中國威脅論被應用在各個層面。對中國沒有好感與親近感，對中國漠不關心的日本年輕人也增加了。以這一年的「反日」活動為界線，日本與中國的關係進入了新階段。也有人專門研究這樣的題材。

這十年之內，二〇一〇年，發生了日本海上保安廳巡視船在釣魚台海域與中國漁船發生碰撞的事件。其中日本政府的窘態與中國官民的強橫，都讓人印象深刻。雙方的政治人物與官員、人民，都只知單方面地強調自己的主張，完全不知道對方的想法，甚至不想知道對方的想法。

自此以後，中國官方艦艇便經常性地在釣魚台領海內巡航，這對日本來說是侵犯領海的行為。在這種情況下，中日關係當然只有走向惡化一途。直到去年，日本首相安倍晉三終於和中國的國家主席習近平舉行了首腦會談。但這並不表示中日的關係修復了。

十年還是百年……

發生「反日」示威十年後，即戰後七十週年，中國人卻在日本「爆買」日本商品。七十週年的記念活動雖然與「爆買」沒有關係，但至少與二次大戰有關的「反日」示威，目前還沒有出現。我們雖然不能做任何的預測，但是很顯然中國對日本的態度與十年前有相當程度的不同。

我們到底應該如何理解這樣的中日關係才好呢？這十年內發生什麼改變了嗎？有什麼是沒有改變的？去深究這樣的問題，應該是有意義的吧？實際去分析這個問題的研究似乎也不少。筆者也看到過幾份研究，並且認真閱讀了。不過，在這裡重覆敘述那些研究，似乎沒有什麼特別的意義。

十年太短了。但這只是我個人的看法，或許有人抱持著與我不同的意見。不過我並不想反駁。只靠著分析當前的狀況來追蹤未來會發生的事，將很難看到事情的根源。這是只懂得歷史的筆者的淺見。

這十年裡發生的事情，在漫長的中日關係史中，是否過去也曾經歷過呢？那些久遠以前的事情，現在的我們到底知道多少？在那些我們看不到的歷史深處，或許有與目前的課題相關的事物。

「反日」與「厭中」的情感糾結不清，日本人對示威活動感到害怕，對政府的言論與行為感到憤怒，對中國人的「爆買」感到吃驚，對觀光客的來與去又喜又憂。這種情況確實在中日關係史上重複出現過，而且並不少見。不知過去，只為現狀慨嘆不已，才是令人擔心的事。

無論好壞，既然日中的關係已經深入到這個地步了，我們就必須有面對這個關係的冷靜理解和洞察力。至少，日本人願意去知道自己對中國的了解有多少，也願意知道中日關係有多麼的困難。重新觀察兩國長期以來的交往，對了解兩國關係，應該是有幫助的吧！

一開始，中國就把日本放在與「歷史認知」有關的重大課題上。所以日本人不能不知道中日的關係史。

既然如此，我想徹底地回溯到可以回溯的地方。因此回溯十年是不夠的，必須回溯到百年、數百年，甚至是千年以前……。俯瞰日本這個國家從源起到現在，應該就會看到時代的真面貌了。

目次

第一章

黎明——「日出之處」與「日沒之處」

1 隋唐以前

中國史料中的古代日本

日本這個國家的起源缺乏很明確的根據與說法。至少從歷史學的角度來說，日本的起源到底可以追溯到什麼時代，目前還沒有定論。

關於日本的起源說，日本方面的史書紀錄宛如不可信的神話般，沒有什麼可說的。因此，比較古老，且比較客觀的日本以外的國家史料紀錄，即使同樣不可置信，也有好好了解一下的必要。

外國的史書當然是以其國家的立場與當事者角度與想法，所做的文字記載。其中寫到關於日本的內容，自是按照該國的需要，不是為了正確地傳達日本的模樣而寫的，而且也沒有那個必要。中國尤其是如此。試想一下目前的歷史問題，就很容易理解吧！

舉例來說，著名的《三國志．魏書．東夷傳》倭人條提到了「卑彌呼」。歷史學家岡田英弘曾經針對這一段記載，做了鉅細靡遺的解說。其中當然不能說每一點都是正確的，但至少有人反對也有人贊成。因此，不必懷疑《三國志．魏書．東夷傳》倭人條做為史書的地位，需要懷疑的是史料的批評。但是，以未經批評的史料做基礎，而沒有尋求其他的資料來還原歷史事實，是沒有意義的事。

不要拘泥於《三國志．魏書．東夷傳》倭人條與古代史。因為中國的史書、史料，都不能拿來當作再建日本史的替代物，這是古今皆然的事。因為即使是現在，中國的史書、歷史意識的條件、根源、本質等等，幾乎都沒有改變。所謂「歷史認知」的問題根本就在於此，比起一般性的想法，我認為應該更深刻地去思考這個問題。

不過，如果能掌握到一點模糊的想像，那麼即使是中國史書也有可能幫助我們了解日本從何而來。不要太在意史書的作者與編纂者是誰，重點是記載的文字。

從西漢到南北朝的時代

《漢書．地理志》裡有一段文字：「夫樂浪海中有倭人，分為百餘國，以歲時來獻見云」。這是最早關於日本的記載。

這段文字要傳達的重點是「以歲時來獻見云」，也就是定期來「朝貢」的意思。而「朝貢」一直以來都是個問題。「朝貢」是中國周圍的國家或部族派遣使節，帶著獻給中國皇帝的貢品來拜見中國皇帝，行臣下之禮的儀式。因為這是誇耀皇帝威嚴的光彩之事，自然會記載在史書之中。

然而，關於這個記載，只記錄了事情，沒有記錄確切的時間、地點與人物，可以說是一則完全欠缺具體性的歷史記述，可信的部分只有：住在日本列島上的人們「分為」許多個政治集團。當然，「百餘國」只是一個數字，未必能按照字面去理解。

下一個關於日本的記載，出現在《後漢書》中。〈光武帝紀〉有「二年春正月辛未、初立北郊、祀后土。東夷倭奴國王遣使奉獻」的記載。另外，〈東夷列傳．倭國〉中亦有「建武中元二年，倭奴國奉貢朝賀，使人自稱大夫，倭國之極南界也。光武賜以印綬」的記載。這兩則記載都是和「朝貢」有關的記事。《後漢書》的記載雖然比《漢書》的記載稍微具體一點，但同樣沒有任何可以確定日本起源的信息。

重點是：「倭奴國」這個專有名詞的由來有其典故或出處。「倭奴」這個漢語，是日本在中國與韓國的別稱，是一個帶有輕蔑意味的語詞，直到現在還會使用。但是，這個專有名詞，並不能作為當時確實存在這麼一個國家的證據。即使是確實存在的國家，但只說這個國家在「極南界」，還是無法推論出這個國家在什麼地方，進行著何種統治。唯一能知道的，就是中國的旁邊有這麼一個國家。

中國的皇帝接見了使者，這是一個事實。但使者自稱「大夫」，這又是曖昧不清的敘述，只能想像「大夫」是漢語中的一個位階。然而這位「大夫」是誰呢？在「倭奴國」中屬於什麼樣的地位？完全無從得知。

接下來提到日本的中國史料是《三國志．魏書．東夷傳》倭人條，記錄三世紀後期，也就是《三國志》的時代。從《三國志．魏書．東夷傳》倭人條也只能知道當時的日本沒有統一的政權，其中存在著和中國往來的國家。

三世紀以後的中國，處於南北政權分立的時代。占有江南之地的南朝史料中，再次出現有關「倭」的記載，其中提到了所謂的「倭五王」。

「倭五王」恐怕也不是符合實情的稱呼。「王」是中國單方面給予的名稱，是中國任命的地位與稱號，從中國的角度來看，「王」只不過是一個措詞。關於這一點《後漢書》的

「倭奴國王」及《三國志・魏書・東夷傳》倭人條的「親魏倭王」，與這裡的「王」，是相同的意思。日本學者也想過那是日本自稱的可能性，但很難判斷何者正確。

史書上散見「倭五王」的記載，那些記載雖然完整，但記載者對於「倭五王」到底做了多少調查與了解，其記述的內容是否正確，卻無法確認。中國的史書只是記載外國派使節來，中國授予該國國王官爵等事，或抄錄了使節攜帶來的國書等而已。中國與日本的政府之間有往來，日本從政權強大的中國得到官職，然後和朝鮮半島好像也有關係。能從中國史書上知道的事情，就只有這些而已。

倭國五王

來看一下當時的史料！《宋書・夷蠻傳・倭國》是中國記述古代日本的著名史料之一。「宋」是五世紀時中國南朝的第一個王朝，高祖「武帝」是宋的開國皇帝劉裕，太祖「文帝」是「武帝」之子，也是南朝宋的名君；世祖「孝武帝」是「文帝」之子，是南朝宋的第四位皇帝，「順帝」是南朝宋的最後一位皇帝。以下就是《宋書・夷蠻傳・倭國》的全文。

倭國，在高驪東南大海中，世修貢職。高祖永初二年，詔曰：「倭讚萬里修貢，遠誠宜甄，可賜除授。」太祖元嘉二年，讚又遣司馬曹達奉表獻方物。讚死，弟珍立，遣使貢獻。自稱使持節、都督倭百濟新羅任那秦韓慕韓六國諸軍事、安東大將軍、倭國王。表求除正，詔除安東將軍、倭國王。珍又求除正倭隋等十三人平西、征虜、冠軍、輔國將軍號，詔並聽。二十年，倭國王濟遣使奉獻，復以為安東將軍、倭國王。二十八年，加使持節、都督倭新羅任那加羅秦韓慕韓六國諸軍事，安東將軍如故。並除所上二十三人軍、郡。濟死，世子興遣使貢獻。世祖大明六年，詔曰：「倭王世子興，奕世載忠，作籓外海，稟化寧境，恭修貢職。新嗣邊業，宜授爵號，可安東將軍、倭國王。」興死，弟武立，自稱使持節、都督倭百濟新羅任那加羅秦韓慕韓七國諸軍事、安東大將軍、倭國王。

順帝昇明二年，遣使上表曰：「封國偏遠，作籓于外，自昔祖禰，躬擐甲胄，跋涉山川，不遑寧處。東征毛人五十五國，西服眾夷六十六國，渡平海北九十五國，王道融泰，廓土遐畿，累葉朝宗，不愆于歲。臣雖下愚，忝胤先緒，驅率所統，歸崇天極，道遙百濟，裝治船舫，而句驪無道，圖欲見吞，掠抄邊隸，虔劉不已，每致稽滯，以失良風。雖曰進路，或通或不。臣亡考濟實忿寇仇，壅塞天路，控弦百萬，義聲感激，方欲大舉，奄喪父兄，使垂成之功，不獲一簣。居在諒闇，不動兵甲，是以偃息未捷。至今欲練甲治兵，申父兄之志，義士虎賁，文武效功，白刃交前，亦所不顧。若以帝德覆載，摧此強敵，克靖方難，無替前功。竊自假開府儀同三司，其餘咸各假授，以勸忠節。」詔除武使持節、都督倭新羅任那加羅秦韓慕韓六國諸軍事、安東大將軍、倭王。

這樣的記述內容其實十分枯燥。但是，作為中國記述外國的文字資料，這樣已經足夠，後世的記述方式也是如此。那是從中國方面來看的關係概況記述，幾乎全是任免的辭令，使用的漢語頭銜相當難懂，但只看字面的話，雖然複雜也不至於難以理解。「使持節」是軍事大權，「都督」是指揮，「安東」是安定東方、平定東方的意思；也就是一手承擔朝鮮半島各國的軍事，維持東方治安的將軍。

因為得不到別的信息，所以已經得到的信息就顯得更加珍貴。這是研究古代史特別困難之處。因為是從中國的觀點來記述，所以全部的內容都是以上位者的角度撰寫。

從日本觀點所做的記述，勉勉強強只有最後的部分，也就是《宋書．夷蠻傳．倭國》第二段所引用的日本方面的上奏文，並以此做為《宋書・夷蠻傳・倭國》的總結。日本的上奏文中敘述了日本的情形，算是留下關於日本的資料。不過，這裡引用的應該不是原始文字，而是有加減潤色過文字，所以也不全盤接受上奏文的內容。

上奏者是「倭王」武，一般認為就是日本的雄略天皇。上奏文中提到「**東征毛人五十五國，西服眾夷六十六國，渡平海北九十五國**」，這段文字尤其引人注意，不僅敘述了古代「倭王」的事蹟，也透露了日本內部的情形。然而，因為缺少正確時間、地域範圍和當時日本現狀的敘述，所以這段文字無從考證，也無法對當時的情形有進一步的了解。

「倭王」是中國的王朝——尤其是南朝給予的頭銜。這個「倭王」政權與朝鮮半島的百濟、新羅、高句麗等各個國家，存在著互相爭奪勢力的關係。這樣的看法應該是正確的，而且確實有不少關於這方面的研究。但是，有這些研究並不等於就能了解日本當時的情勢，及日本與中國的關係。

既然如此，我們應該分析中國對「倭」的看法。如前所述，中國是以上位者的眼光來看日本的，所以儘管「倭」再對中國「朝貢」，對「倭」的請求，中國並不會給予滿意的回答。對中國而言，「倭」有讓中國皇帝感到厭惡不舒服的地方，這就是接下來要說的問題。

2 遣唐使的時代——孤立的日本

自稱「天子」的倭國

隋之前的中國，並非一個統一的政權。但是到了六世紀末，隋朝出現了，結束南北政權分立的局勢，統一了中國；從此中國對外的的姿態，也變得和以前不一樣。尤其隋煬帝時代積極對外擴展勢力，日本當然也不例外地成為隋煬帝擴展勢力的目標之一。

從這個時候開始，中國史書裡與日本相關的記載增加，內容質量也變重了。而且，從那些記載裡，似乎可以看到能夠代表日本的政府與政權的形象。

到了隋朝的時候，因為日本本身的紀錄也開始明確地反映出日本的形象，與中國的紀錄銜接，也變得重要。「遣隋使」就是其中典型的案例。不知道「遣隋使」是怎麼開始的，但「遣隋使」所做的事情，是有記載的。在此，我要引用《隋書．東夷傳．倭國》中的文字：

> 大業三年，其王多利思北孤遣使朝貢。使者曰：「聞海西菩薩天子重興佛法，故遣朝拜，兼沙門數十人來學佛法。」其國書曰「日出處天子至書日沒處天子無恙」云云。帝覽之不悅，謂鴻臚卿曰：「蠻夷書有無禮者，勿復以聞。」

沒有例外，此時日本被記載進中國史書的原因，果然還是為了增添皇帝尊榮的「朝貢」。不過，和只有任免命令和公文措詞的《宋書．夷蠻傳．倭國》乾燥無趣的記述相比，《隋書．東夷傳．倭國》的敘述相對具體且生動。這段記載所包含的資料，值得記錄下來。其中不僅有日本方面的言行敘述，也說到了中國的姿態及隋朝皇帝煬帝的態度。直接而明白的敘述，似乎可以讓人看到煬帝當時不悅的表情。

話雖如此，這並不一定是忠於史實的記載。因為這段記述與日本方面的紀錄有相當多不一致的地方。另外，「多利思北孤」是誰呢？這一段記載也留下了不少謎團。

這裡能確實知道的事有二。第一，就像用「菩薩天子」來尊稱煬帝般，當時日本社會應該是以佛教為中心的。而「日出處天子」、「日沒處天子」等國書上的詞彙，也是出自佛典《大智度論》。日本是否考慮到隋朝政權推廣佛教，而寫了那樣的國書呢？

第二，從中國皇帝的立場來看，不管日本是基於什麼樣的考量，「天子」都只能有一個，稱自己的王為「天子」的倭國態度，實在太自大、傲慢了。中國皇帝堅持自己是上位者，認為日本王自稱天子是無禮的表現。中國的這種日本觀影響長遠，持續到後世，是非常重要的觀點，更是不能忽視的事實。

隔年，也就是隋煬帝大業四年，煬帝派遣使節到倭國。《隋書．東夷傳．倭國》也記載了這件事，但沒有明確說明派遣使節到倭國的目的。根據後世的推斷，此舉應是中國皇帝接受了朝貢後，派遣使節到倭國，傳達任命倭國國王為「倭國王」的行動。對中國來說，這樣的任命叫做冊封，傳達這種任命的使節叫做冊封使。不過，《隋書．東夷傳．倭國》並沒有記述這為冊封，所以，是否不應視這個任命為正式的冊封呢？倭國接待了隋朝的使節，並且表現出恭順的姿態，再一次敘述了「朝貢」之意。

總之，不管事實為何，中國就是上位者，以高高在上的眼光看日本。不過，遣隋使並不是去中國「朝貢」的使節。

關於這一點，日本史書《日本書紀》裡的記載截然不同。《日本書紀》以「倭皇」、「東天皇」等用語稱呼日本的國王，這是與中國皇帝相同地位的措詞與表現。在雙方關係的看法上，也有不少歧見。

隋朝的壽命很短，很快就滅亡了，所以關於倭國（或者說是日本）「無禮」的事，似乎還沒有被深化成雙方的問題，便就此打住了。關於這一點，留待後面再進一步討論。

白村江

不管怎麼說，在《隋書》裡可以看到關於日本的具體歷史記載了，到了取代隋朝的唐朝時，日本與中國發生了一些事件，日本出現在中國史料中的紀錄也更加明顯了。另外，日本方面的史料也逐漸豐富起來，終於可以綜合兩邊的資料，來進行中日關係的分析。在中國與日本的關係日漸重要的同時，整個東亞的形勢也變得更清晰可見。

在這當中，日本的位置也終於定下來。若只用一句話來形容這個位置，就是「隔絕」。而這個「隔絕」的契機就在朝鮮半島情勢的變化。對中國而言，從《宋書．夷蠻傳．倭國》的記載看來，日本留在史料上的紀錄主要是中日的利害關係。這個大改變出現在七世紀初。日本不可能與這個時期沒有關係。因為自這個時期以後，中國與日本的關係改變了，所以必須聚焦於此。這是歷史的宿命。

隋朝與唐朝的朝代交替之際，中國境內一片混亂。煬帝在混亂中被殺，唐太宗李世民崛起，開創貞觀之治後，中國的政情才終於穩定下來。這段從混亂到穩定的時間，長達三十年左右。不過，儘管中國局勢混亂，東方的國際關係卻沒有很大的變化。就算內部的王朝、政權交替，外部的事態與局勢還是持續進行。對周圍國家或政治集團來說，來自統一的中國的壓力並未改變。

典型的例子就是遠征高句麗的戰役。隋朝與唐朝的勢力，也強勁地延伸遼東與朝鮮半島。遠征高句麗失敗，誘發了隋朝末年的內亂，也促成了唐的建國。但是，儘管遠征軍失利了，隋、唐對他國的壓力並沒有減弱。不管是有暴君惡名的隋煬帝，還是有明君之稱的唐太宗，在對外政策上所使用的手段幾乎是一模一樣的。而這些手段導致的結果，就是在繼唐太宗之後的唐高宗時期，發生了白村江海戰。這是決定日本在東亞地位的事件。

唐朝屢屢發動攻擊，在把高句麗逼到奄奄一息後，又把矛頭轉向百濟。唐聯合了新羅，在西元六六〇年消滅百濟，然後在百濟的故都熊津設置都督府。但是百濟的餘眾擁立逗留在倭國的百濟王子，繼續抵抗中國，倭國也給予百濟幫助。西元六六三年，唐與新羅的聯軍在白村江打敗百濟與倭國的聯軍；五年後，高句麗也滅亡了。

倭國慘敗。不久後即位的天智天皇因為擔心唐與新羅的報復與攻擊，首先在大宰府建水城，作為防備措施；接著又在西日本的沿海各地建築防衛要塞，並且派稱為「防人」的常駐防備軍駐紮在九州北部的沿岸。六六七年，天智天皇遷都到內陸的近江京，重整政權。

天智天皇治世時，日本試圖修復與唐朝的關係，而原本聯手的唐朝與新羅卻變成對立的關係，在對立愈來愈嚴重的情況下，都沒有餘力去管日本。西元六七〇年，新羅攻擊半島上的熊津都督府，趕走在百濟與高句麗的唐朝勢力，但也同時派遣使節到唐朝表示對唐恭順，與唐和睦。六七五年，唐朝自朝鮮半島撤軍，新羅完成朝鮮半島的統一。

東亞的情勢暫且穩定下來了，日本因為戰敗而隔絕於大陸與半島，必須重新給自己找到位置。

遣唐使的意義

白村江海戰後，日本政府馬上進行戰後處理，歸還俘虜，與唐朝政府進行交涉。並且藉著使節往來、回覆信息之際，派出遣唐使。派遣使者前往唐朝，是接續遣隋使的行動，日本已經有數次的經驗了。不過，在這次戰役之後出現的遣唐使，才是真正的遣唐使。

舉例來說。最初的遣唐使完全是外交使節，而且是戰敗國或從屬國派去的使節。至少戰勝國，也就是作為大國的唐朝，是這麼看的，認為從日本來的遣唐使，不過是日本派來中國執行臣屬之儀的朝貢使節。這是中國給遣隋使的定位，而《隋書》是唐代編纂的史書。這一點是不容忽略的。

西元六六五年，白村江海戰勝利兩年後，唐高宗舉行了確定政權的「封禪」盛大祭祀。封禪是中國皇帝在泰山及其近郊祭祀天地，向天地報告自己功業，向天地表達謝意的儀禮。白村江海戰的勝利，是高宗在封禪時誇示的功業之一。根據史料記載，新羅統一朝鮮半島前，在百濟故地經營的唐朝名將劉仁軌率領新羅、百濟、倭國的「酋長」，也列席參加了高宗封禪的祭祀。同年自九州出發的遣唐使中，或許就有參加那次封禪儀禮的使節。無論如何，應該可以從這類的祭典中，看到唐朝眼中遣唐使的待遇與地位。

當然，日本對於遣唐使的定位應該與唐朝不一樣。剛開始派出遣唐使的目的，應該有恐懼被唐朝攻擊，所以派遣使者在唐朝觀察敵情的用意吧！但進入八世紀後，這個用意也逐漸產生變化。

隨著東亞情勢趨於安定，日本的國家體制也快速成形，遣唐使很明顯是從大國唐朝學習先進文明的手段。透過遣唐使，日本奈良時代的政治與文化，都擺脫不了唐朝的影響。

從那個時候開始，遣唐使有了文化使節的形象。收藏於正倉院的寶物中，有大量來自唐朝的物品，遣唐使對取得這些所謂的「唐物」，貢獻了不少力量。不過，事實到底如何呢？

最初，唐朝把日本的遣唐使定位為「朝貢」使節，這個定位沒有問題。問題在於派遣使節前往唐朝的日本方面的態度，是否有要靠著遣唐使，吸取先進文明的用意呢？

此一時期被稱為律令制、遣唐使時代。不少人認為此時的日本與大陸連結，占有絲綢之路的一環，與中國的關係密切，因此日本在東亞占有不可或缺的地位。然而，我認為這種看法可能招來誤解。

一直以來，古代日本就只是單方面地接受來自大陸的影響，日本給予大陸，甚至是朝鮮半島的影響，可以說是不值一提。至於往來關係的深度上，比較當時與之後的日本與朝鮮半島，及日本與大陸的關係，日本與中國的關係，也是沒有什麼值得說的。

對日本來說，東亞是一個重要的世界，但對東亞來說，日本的存在可有可無。這樣的說法或許並不為過。這種孤立的、不對等的情況，或多或少也出現在以後日本的處境上。對東亞、對整個世界而言，日本成為一個不可或缺的存在是一段時間以後的事。在那個時期出現的遣唐使的意義，也有必要做更多的思考。

選擇性接受

當時日本受到大陸的影響到底有多大呢？應該從質與量上都重新思考吧！仔細了解當時日本接受的事物後，會發現日本接受的部分極為偏頗，直接而全面性接受的事物非常少。這種情形可以說明東亞世界與日本列島的關係畢竟還是是相當疏遠的。

在遣唐使的時代，中國與日本都是施行「律令制」的國家，但是兩者的律令典型並不一致。唐朝的文明確實在東亞擁有壓倒性的領先地位，具有極大的影響力，就像現今通行全球的英語一樣，不管是什麼國家，在哪個區域，都會接受這個標準，若不依從這個標準，就無法溝通，變得孤立而難以存續。

但是，當時日本的政權與社會情況，並不能完全接受中國的標準，也沒有那個必要。日本做了很好的選擇，只接受了適合自己現狀與未來的部分。

中日之間隔著大海，雙方的往來不算頻繁，這一點也助長了雙方的距離。日本和直接與大陸相連的朝鮮半島不一樣。相同的只是「律令」這個詞彙，至於中日關係緊密不可分，或中日的形態非常接近這類的說法，老實說是夢話。

客觀而具體地說，以形成官僚制為目的的科舉考試，就非常不適合日本的國情，日本也一開始就無意採納科舉考試的制度。採用了也不適合日本的中國制度非常多，尤其是與社會緊密相關的稅制。例如模仿中國均田制的公地公民班田收授法，實施後不久，就開始逐漸崩潰。公地的授受手續繁雜，要維持與更新也很困難，陸續出現農民因為不堪負荷而逃亡的事件。不准許土地開墾與私有，是財政無法建立的原因。

不過，在文化方面，日本確實受到先進的唐朝漢語文明的很大影響，尤其是古代日本的上層社會。在古代的日本，不懂漢字，就不會寫字，也就不能建立文書。學習漢字詩文更是必要的文化素養；漢譯佛典與以漢譯佛典為基礎的鎮護佛教，更是成為政者、僧侶及社會精英、知識分子生活中不可缺少的一部分。

從這裡可以看出，日本存在著憧憬漢語文明與學習、模仿漢語文明的時代。日本對漢語文明的熱情持續了很久，這是不爭的事實。但是，這個熱情並非永續的，而且也不能說這個熱情與實際行動是一致的。

迎接轉換期

總括來看日本古代史的過程，可以發現漢語與唐代文明的優勢逐漸消失，並且走上所謂的和漢混淆。這樣的現象被稱為「建立國風文化」。

不須提到和歌的風行吧？將漢字表音化的假名的發明，與日本本土信仰與佛教融和的「神佛習合」，都可以作為「建立國風文化」的代表。

當然了，如果說文化來自社會的衍生，那麼文物走向日本化的演變，就可以說是隨著社會改變的結果。包括了文字、典籍、思想等等的漢語文明，是精英知識分子的專有物。雖說文化、教養非常重要，是生活中的必需品，但這話只適用於上層階級的人。

假名不是只有難解的漢字，和歌不是只有外來的漢詩，神佛習合也不是鎮護國家的佛教。這樣的和漢並存、並用、融合，不是只靠上層的精英分子就能完成的。文化誕生的前提是：事物能夠滲透到社會下層，並且持續展開、發展。換言之，強化下層階級吸取文化的意願，當下層階級也能攝取文化時，文化的本身就會產生改變。這是包括上層階級在內的整體日本社會彷彿發生過敏反應的結果。

就在那樣的文化往下層擴大展開的同時，下層階級的民間擔起了與中國持續發展關係與交流的擔子。這一點是不容忽視的。而為了回應日本列島的動態，大陸與朝鮮半島也在九世紀時，因公家的政府勢力衰敗，無力進行公營事業，導致走私貿易大行其道。

就這樣，凡是日本需要的「唐物」，民間的走私貿易都能搞定。停止派遣遣唐使，正是表示作為政府業務之一的派遣遣唐使，已經不再需要了。但這萬萬不能視為日本與中國的交流衰退或停止的現象。

以這樣的情形來做整體性的考量時，或許可以說充滿浪漫的「遣唐使」時代，其實是中日交流最穩定的時代。停止遣唐使後，沒有留下記載的私下交流愈來愈蓬勃了。真正的中日關係歷史，是從這個時代之後才開始。

3 中日的新時代

「唐宋變革」

十世紀以後的東亞，是經濟成長的時代。從十世紀到十二世紀，地球氣候從寒冷轉為溫暖，這是世界史中不能忽視的一個背景。舉例來說，西歐因為從三世紀開始的寒冷化，整個區域的生產力降低，變得貧窮，羅馬帝國也滅亡，進入了黑暗時代。透過國家體制與生產模式的變革，才逐漸擺脫黑暗時代，好不容易到了十世紀，才走向成長的時代。被稱為「農業革命」的時代，也正好是氣候回到溫暖的時期。西方的這個成長動態，也同樣出現在東亞，不，應該說東亞的成長規模，比西方龐大得多。

這個時期統治中國的王朝是北宋。北宋的政權或許並不突出，軍事力量恐怕還是歷朝歷代中最弱的。沒有軍事上的功績，版圖也小的北宋國家體制，與前朝前代不同。

尤其從日本人的角度來看，日本和北宋不像與唐朝那樣動過干戈，也沒有模仿唐朝的律令制等制度，所以儘管有遣唐使，卻沒有遣宋使。從表面上看來，和唐朝相比，北宋是更加疏遠的存在。

可是，再稍微多想一下，就會知道這種看法是錯誤的。從唐朝吸取的文化以正倉院的寶物為典型，日本確實把那些寶物保存得很好，留給後代浪漫異域風情的印象。唐朝傳入日本的不止物質上的寶物，還有當時的律令與佛教，這些至今都還留存在日本。但是，這些都只是「留存」，就像骨董一樣，離開了實用與生活。

相對於唐朝，北宋傳來的文化是什麼呢？那個時代傳到日本的，以儒教來說是朱子之學，以佛教來說是禪宗，都對日本人的精神生活產生極大的影響。那些文化存在於極為普通的語彙如「道德」、「問候」等之中。取得那些文化也不需要遣唐使那樣的大工程；那些文化不知不覺就傳到日本，融入日本人的生活，直到現在還存在於日本人的呼吸之間，維護著日本的生命。因為存在得如此自然，所以反而讓日本人很難感覺到它的存在與意義。

從這些傳到日本的例子可以知道，雖然同樣是中國的文化，但唐朝和宋朝之間有很大的差異。這種差異的現象學界稱為「唐宋變革」。

革新

文化的創造與傳播，要靠經濟力的支持。「唐宋變革」也不例外。當時中國的經濟有很大的發展，這個發展帶來技術革新，於是出現了「變革」。

中國人的火藥、指南針與印刷術，是西方人也非常驚奇的著名發明。但比這些發明更值得重視的，是與擴大基本生產力息息相關的革新。舉個具體的例子，因為使用煤炭而開始了火力革命，讓鐵與銅之類的金屬產量快速增加，而銅、鐵產量的增加，則促進了貨幣的增產與流通。工具、農具也在這個時候變得銳利、好用，推動農業的革新。這不僅幫助土地的開發，推動開墾沖積平原、開發水田，也普及大規模的水稻栽培。農業革新不僅促進穀類作物的增產，還擴大了傳統絲綢布料、陶瓷器、茶葉等中國自傲的特產品的產量。這個時期因為產量大增，交易也跟著熱絡了。

宋朝之後的中國，經濟水準可以說世界首屈一指，鶴立雞群般令人無法忽視，在世界史上的意義無法衡量，包括日本在內的東亞，更是處於直接受到中國影響的位置上。

另一邊的日本的步調，也配合中國經濟景況的變化。說到日本從古代到中世的變化，大多數人想到的，或許是政治上的權力鬥爭擴大，群雄割據，戰亂不斷等等。但是，這種局面也意味著日本經濟的一大成長。

從莊園數量的增加，可以看出當時的經濟成長。西部小地方的再開發，加上在東部奧羽等地方開拓新開發地，這些都是武士集團成長的象徵。眾所周知，這就是所謂武家政治這個新政體的基盤。這樣的日本史的動向，沒有太多解釋的必要。

比較隔著海的中國與日本，就會了解雙方社會經濟的真實內容，確實有著相當大的差距。然而成長發展的趨勢，中日雙方的步調是一致的。

日本與宋朝的貿易

能夠象徵兩國關係活絡的，就是兩國之間的貿易往來。在日本，從武士階層到一般的民間都有發展文化的中間分子，對中國先進文物需求愈來愈多，這是無庸置疑的事。

十二世紀後期，女真族在中國崛起，打敗北宋建立了金王朝。戰敗的北宋朝廷只好從黃河流域南渡到長江流域，退居江南，成立南宋，北方的人口因此加速流向南方。與此同時，江南的開發向前邁進大一步，而日本列島作為木材等必要原物料的供應商，重要性大大提高了。大陸方面提高了對貿易的需求，各種條件愈發到位。

從日本來看，平忠盛、平清盛父子經營的貿易事業，是相當著名的典型。平氏因為勢力快速發展，也登上政權的頂點，他們控制瀨戶內海航路，擴張了相當於現在神戶港的大輪田泊，所經營的事業幾乎就是國家事業。但是，平氏父子與中國的交流，和奈良時代遣唐使與中國的交流，是完全不同次元的交流。平氏父子做的事情不是中央的政府公開國策，平氏是獨立經營者，也可以說平氏是在地方擁有地盤的民間權勢者。不過，擁有貿易事業的，並不只有平氏政權，所以即使平氏被消滅，日本與中國的貿易事業也沒有消失。

到了十三世紀的鎌倉時代，日本的民間貿易和之前一樣，持續著興盛活絡的景況。鎌倉幕府透過掌控博多的鎮西奉行，派遣名為「御分唐船」的船，經營與中國的貿易交流。在這樣的背景下，當時武士階層所信仰的禪宗在日本扎根了。從中國到日本的東渡弘法僧與從日本到中國的遊學僧，商人搭乘的海上貿易船，往來於中國與日本之間；保護禪宗的幕府政權也利用貿易船，取得必要的信息與物資。

即使新的世紀開始了，貿易船的往來仍然繼續著。進入十四世紀後，建長寺船與天龍寺船，便是有名的貿易船。前者是北條氏以修復毀於大地震與火災的建長寺為目的的貿易船，後者是足利氏以建立憑弔後醍醐天皇的寺院為目的的貿易船。兩者雖然都是官方用途，但使用的卻是民間海商的貿易船。

這一段時間裡，日本的政權從鎌倉幕府移轉到室町幕府，中國的政權也有很大的變動。西元一二七六年，蒙古帝國併吞了在江南的南宋。然而，中日雙方即使貿易對象的政權更替，貿易活動卻照舊進行，基本上沒有發生變化。日本仍然是輸出金銀銅等貴金屬的原材料，然後從中國輸入銅錢、陶瓷器、茶葉等製品。從數量上來看，這些輸出、輸入的物資與製品，也是有增無減。中日的民間交流與經濟關係，經過此一時期後，只能說是更加緊密了。

4 「元寇」的真相

與「元寇」的對立

然而，此一時期的中日關係，應該也有受到政治的影響。雙方的政治權力變動，引發歷史上的重大事件。

統一了歐亞中央大草原綠洲世界的蒙古帝國，也著手展開征服、管理東西雙方農耕世界的事業。這個事業在十三世紀後期達到頂點。蒙古帝國的建立者成吉思汗之孫——忽必烈與旭烈兀兄弟，攻克了中國世界與伊朗伊斯蘭世界。其中忽必烈在發動奪權政變後，於西元一二六〇年成為整個蒙古帝國的君主。之後的漫長三十年治世裡，忽必烈致力於稱霸東亞。

蒙古帝國是蒙古土耳其系游牧軍事力，搭配伊朗伊斯蘭系商業經濟力而成的強大政權。透過這樣的關係，蒙古帝國沿著草原，掌握了當時橫跨歐亞大陸東西的交通幹線，對南方的農耕地帶展開波浪般的攻擊，將其納入統治下。忽必烈治世的最後階段，就是把蒙古帝國的版圖延伸至沿海地區。

在蒙古帝國的政權裡，負責經營東方的中國的人是忽必烈。忽必烈先是往東征服了朝鮮半島的高麗，往南併吞了南宋，也接收了沿海的勢力，下一步就是跨海出擊。而海的彼方就是日本列島。日本所說與「元寇」的軍事衝突，就這樣開始了。

與「元寇」的軍事衝突，就是「蒙古襲來」。發生於十三世紀末的「蒙古襲來」，若用日本的年號來表示，又稱為文永弘安之役，但這樣的說法，其實並不正確。本書使用「元寇」來表現「蒙古襲來」的目的有兩個。

其中之一便是日語裡沒有其他更適切的說法。「蒙古襲來」是從日本「被襲」的角度來看的，但「襲來」的當事者卻不是只有蒙古人，所以「蒙古襲來」的這個說法，不能涵蓋整個亞洲。既然如此，就不如用「元寇」來表示或許更恰當吧！

「寇」是指侵犯了不該侵犯之人的侵犯者，是貶意的用語，是蔑稱。所以「元寇」自然不是中立的詞彙，而且可能是日本人才能理解的用語。「元寇」是模仿後面將提到的「倭寇」一詞，日本人創造出來的用語。明知如此，我還是使用了「元寇」一詞，因為想用它與

「倭寇」對照，從側面觀之所造成的歷史現象。

對立的經過

首先來確認一下兩次武力衝突的過程吧。在此姑且以年表的方式，大略記述如下：

一二六八年／蒙古從高麗派遣使節到日本列島，送來國書。

一二六九年／蒙古派遣使節，在對馬登陸。

一二七一年／趙良弼等使節團到日本。

一二七二年／趙良弼等使節團再到日本。

一二七四年／文永之役。

一二七五年／杜世忠等使節團到日本。

一二七九年／南宋舊臣范文虎派遣的使節團到達日本

一二八一年／弘安之役。

雙方的私下接觸應該從以前就有了，但直接的正式接觸，則是蒙古帝國攻下高麗後，於一二六八年從高麗派遣使節送國書到日本列島才開始的。

但日本方面並沒有回覆國書，還把中國來的使者趕走了。之後蒙古王朝又反覆派遣使者到日本遞交國書，但都遭到漠視。在多次派遣使者到日本的這段時間內，蒙古也進行軍事整備，聯合高麗的軍隊，攻打日本的壹岐、對馬，並在博多登陸日本。這就是所謂的文永之役。

戰役之後，蒙古帝國再度派遣使者到日本，但這些使者卻不幸遭到鎌倉幕府處刑。雙方依舊沒有進行任何交涉，於是蒙古政府編組了大規模的遠征軍，再一次攻擊日本。這是弘安之役。

雙方展開激戰，但蒙古軍因為暴風雨的打擊而兵敗。這是眾所周知的事。不過，日本方面也沒有獲得軍事上的全面勝利，所以蒙古計畫第三次遠征，而日本政府也積極備戰。這種情形持續了很久。但最終由於蒙古帝國內部的政情不安定，情況不允許派兵遠征，所以蒙古第三次遠征日本之事，胎死腹中。

「不合乎常理」的日本

以上的過程是很多人都知道的事，就不在此贅述了。想多了解這段歷史的人，坊間有很多優秀著述可供參考。

但是，即使是前面那樣簡單的敘述，還是有引人注目、讓人覺得有必要多思考的地方。以下就對日本與蒙古，各舉一點來說明。

先說日本對蒙古的使者與國書的態度。鎌倉幕府對國書置之不理，甚至處刑了來使，這樣的舉止可以說太不合乎常理了吧？別說現代社會不會那樣做，即使用當時的標準、慣例來看，一定也會覺得不符合常理。用置之不理與處刑的態度來面對對手，根本就算不上有什麼交涉。

也有人認為鎌倉幕府威嚇、脅迫送國書來的使節，是正當的反應。但是，認為這種「勇於對抗大國，不屈服於大國」是「正當」，恐怕只存在於英雄主義色彩濃厚的日本，並不是共通的常理吧？以當時整個東亞的角度來看，日本的作為非常讓人無法理解。

總之，問題不在日本的行動是否「正當」。若以彼此的對錯或正義與否，就論斷事情的全貌，只會得到片面的結果。為什麼日本會做出那麼不合適的行動，以致產生眾多認知的差距與分歧呢？定位好問題，有益於全面性地了解歷史的事實。

如此一來，因孤立而不熟悉東亞常識與習慣的日本社會的模樣，就會清楚地浮現了。由武士團組成的政權體制，在亞洲中原本就是極為特別的異例，而京都與鎌倉這種雙重政府的體制，也可以說是非常稀有。

日本人看自己的歷史時，因為自小就習慣了幕府政治的存在，認為幕府是理所當然的體制；但是縱觀亞洲歷史，就會發現幕府體制是不合常理的體制，「幕府」這個和式漢語，也很難理解。這樣的日本政權，應該不會懂統治了歐亞的大帝國的思考、理論、組織與行動。

不過，這不是日本單方面的問題。因為從另一個角度來看，大陸和朝鮮半島也同樣對日本列島的情形很不了解。這是事實。不了解日本的風土民情，當然就不明白日本會做出何種反應。一再受挫卻仍然不顧一切地派遣使者到日本，難道沒有什麼企圖嗎？所有的戰爭都是因為互不了解而起的，「元寇」也是同樣的情形。

弘安之役的意義

現在必須思考的，是弘安之役。蒙古的遠征軍是由東路軍與江南軍組織而成的。前者從朝鮮半島出發，是蒙古軍與高麗軍的聯合軍，與文永之役時的編組相同，容易理解。問題是後者，江南軍是新加入的部隊。

說到文永之役與弘安之役間蒙古的變化，就是蒙古在那段期間併吞了南宋。江南軍的「江南」就是南宋，也就是說江南軍是舊南宋的軍隊編制而成，這支軍隊是號稱有十萬人的龐大水軍。江南軍從寧波出發，橫渡東海，攻打平戶。

在當時來說，這是很驚人的！人數實在太多了。真的組織了這麼多人的軍隊嗎？這個龐大的隊伍的確是軍事上的力量嗎？這是非常可疑的。也有人認為這個數量有誇大之嫌；也不能否認這個數字可能只是在比喻規模之大。還有，這支龐大的軍隊，為何要冒險選擇橫渡波濤洶湧的大海呢？這也超越了理解的範圍。

這些問題都與以舊南宋為基地密不可分。舊南宋領地有很好的經濟與高超的技術，人口又多，是有可能組織一支龐大的隊伍。另外，因為是從「江南」直接前往日本，所以非航行危險的海路不可。

蒙古併吞南宋十年不到，就展開這次遠征行動。要訓練出戰鬥力高的軍隊，編制龐大的隊伍，是很困難的。所以，與其說這支大隊伍是來打仗的，還不如說這支大隊伍是一個「移民團」。這是專長於蒙古史、中亞游牧民族史的歷史學者杉山正明，對蒙古遠征日本所做的解釋。或許確實如此。中國建造、組織了龐大的船團、艦隊，載了很多人到日本，這是事實。

從印度洋延伸到中國海的伊斯蘭商圈，也擴展到中國南方，建立了一大勢力。阿拉伯裔的蒲壽庚原本是南宋政權的官員，但後來投靠蒙古，還幫助蒙古帝國掃除南宋的殘存勢力；他是一位穆斯林大商人。忽必列的蒙古帝國利用以蒲壽庚為首的穆斯林海上勢力，以及這些海上勢力背後的舊南宋海上交易。

蒲壽庚在根據地泉州打造船艦，幫助編組江南軍，這對後來蒙古帝國遠征越南南部與爪哇島，有極大的助益。蒙古帝國因為遠征東南亞，而創造出穆斯林的通商網絡。所謂的東南亞遠征也帶著濃濃的「貿易船團」、「開拓貿易事業」的色彩。所以說，認為江南軍的最終目的在於通商，或許是很合理的想法。

蒙古帝國就是一個以穆斯林經濟為中心的政權，原本就對商業與貿易非常敏感而且積極。在併吞了南宋後，蒙古政權的勢力也伸展到南中國海，又看到了海上交易活絡的情形，自然想要把海上交易納入體制之中。組織江南軍之事，不可能與此無關。

中日關係的原型

如此看來，雖然同是弘安之役的遠征軍，東路軍與江南軍的基本性質卻不相同。前者經過北方的朝鮮半島，是真正的武裝部隊，準備以政治、軍事的力量來壓制日本；相對的，後者經由南海，從其性質看來，經濟面的用意遠大於軍事面。

這兩支部隊的不同，可以說如實地反映出中國的構成。也就是說，宋代以前的中國，是由南北兩個單元合成的。北方是游牧民族縱橫天地，時而君臨天下的政治軍事世界，南方是漢人移民開發，擴大生產力的新經濟文化世界。「元寇」時期蒙古帝國對日本的攻打行動，具體來說有兩條路線，一條是經過朝鮮半島的東路軍，另一條是從寧波出發，在日本平戶登陸的江南軍。這是取決於中國地域構造的進攻方式吧。後來渡海前往中國的日本人，也不得不走兩條路線。

「元寇」暗示了此後的中日關係。日本擊退了來襲的蒙古帝國，讓大陸方面知道日本是獨立存在的個體。同時，日本也登上了東亞的舞台，在世界史上有了固定的角色。

因為貿易上的往來而加深的中日經濟關係，在「元寇」事件之後，政治上的關係也凸顯了出來。相對於經濟上相互依賴、互補的關係，中日的政治關係則完全相反，是需要特別注意的敵對相剋、武力衝突。這似乎與中國南北不同的結構有關，也可以說中日關係的基本形態就是在此形成的。

造成這種形態的力量，就是中日雙方的互不理解。在「元寇」事件中，日本的言行是亞洲與中國的常識所無法理解的。這可以說是過往歷史累積的必然結果。

經常說「日本汲取了中國文化」，但這句話其實是非常片面的說詞，因為汲取並不等於理解。日本人把漢語文明依照自己所需地融入到自己的社會裡，未必理解漢語的真正意思，而且也沒有把本身的真實模樣傳達給漢語的國家。只要看漢文訓讀的漢話讀解法與和式漢文這種日本語表記法，就可以明白了吧！沒有使用漢語的文明人士，更能清楚中日的差異。

中國的情形也一樣。打從內心看低外國，認為沒有必要了解外國的中華思想，所以一向不在意日本，也不想了解日本的特殊國情。這種情形在中國上層的知識分子階層尤其明顯。應該說中日之間的關係，是彼此都沒有在政治上對對方更進一步地理解。

第二章

深化與矛盾——「倭・寇」與明朝

1 「從十四世紀的危機」到「朝貢一元體制」

寒冷化與蒙古帝國的瓦解

到了十四世紀中期，蒙古帝國的前途岌岌可危，政情也因為政爭而動蕩不安。但是，還有一個間接的原因，也是造成蒙古帝國瓦解的重大因素。那就是整個地球的氣溫在此時期明顯降低。

從十世紀以來的地球暖化，帶來了重大的經濟成長，但從十四世紀，地球的氣候變異，天氣變得寒冷，農業生產力也因此衰退。農業生產力不足使得人類的生活匱乏，社會經濟萎縮、各種疫情災害也明顯增加。縱觀十四世紀後半的世界，可以說各個區域都出現了衰微、退化的局面。這就是所謂全球化的「十四世紀危機」，也是人類史上的一大危機。

地球的寒冷化對寒帶的影響尤其大。雖然全球都因為寒冷化而陷入困境，但原本就冷的地方，變得更加寒冷，即使只是下降了一點點的溫度，也會對人類的生存造成很大的影響。

位於北方的歐洲因為鼠疫蔓延，悽慘的景象彷彿人間地獄，這是眾所周知的事情。然而更嚴重的，恐怕是處於內陸，氣候乾燥的歐亞中央大陸草原地帶。那裡應該也流行著稱為黑死病的鼠疫，有人認為鼠疫是從那裡擴散到歐洲的。關於鼠疫擴散的路徑與程度，目前還缺乏確實的史料與研究，所以不能做任何論斷。

不過，蒙古帝國在這個過程中受到打擊，是無庸置疑，結果導致歐洲各地的政權發生動搖，傳統的權力體制出現了無法挽回的局面。

再來看看東亞當時的情形。中國大陸也一樣遭遇到天災般的鼠疫蔓延，黃河還反覆氾濫，災情十分嚴重。在災害與復原的過程中，社會秩序崩壞，內亂不斷；蒙古王朝的軍事力量雖然有能力一一擊敗蜂擁而起的各處武裝起義勢力，但連接北方政治中心與南方經濟中心的交通與物流管道，卻因此斷絕了。

當時的蒙古帝國有極為先進的經濟財政制度。其中最好的就是以銀為準備金而發行的紙幣。紙幣活化了商業活動，讓商業交易更加順暢，是蒙古經濟政策中非常突出的特徵。支持發行紙幣的，是經過唐宋變革後的中國的經濟力，尤其是江南富裕的經濟力量。紙幣是以經濟力量為資本的財政。

然而，接連不斷的天災與內亂，良好的財政機制也難以運作。與江南的聯絡切斷後，北方政治中心的財政勢必走向貧窮與破綻百出的困境。如此一來，紙幣失去信用，價值暴跌，最終變成了廢紙。作為紙幣準備金的金銀等貴金屬，也不再流通。曾經非常繁榮的貿易商業世界，退回到以物易物的原始交易模式。

東亞與中國的經濟大混亂。在力量與物質統治的社會中，開始摸索下一個時代的秩序。

分裂的南北與明朝的成立

江南是蒙古統治不到的地方，尤其是長江流域一帶，基本上處於群雄割據的狀態，其中勢力最大的是以有穀倉之稱的經濟先進地——蘇州為根據地的張士誠，和勢力延伸到長江中游流域的陳友諒。但是，以位於這兩地之間的南京為根據地的朱元璋擊敗了張士誠與陳友諒，於一三六八年稱帝，是為明太祖。

明太祖脫離蒙古帝國而獨立，還把蒙古帝國趕到長城外，確立了明朝的政權。至於明朝的體制，可以用一句話來形容，就是否定前朝的蒙古政權。為了正當化自己的存在，就逆向而行。所以之後的中國至少在表面上，呈現出新時代的面貌。

明朝的體制大致可以分為兩種，一種是對內的經濟體制，另一種是對外的政治體制。而明政權的終極目標，是這兩種體制合為一體，不可分割。先來看看前者。

由於蒙古帝國貨幣制度崩潰了，中國社會出現以物易物的趨勢。這種趨勢在生產力較低的北方尤其明顯。北方民間的金銀等貴金屬的資本原本就不多，所以大多依靠政府發行的紙幣來進行買賣。相對於北方，江南不缺金銀，就算因為戰亂而出現以物易物的交易，也是暫時的現象，或者應該說是特殊的現象。

在政治、軍事上，明太祖結合了江南與華北。會有這種作法的原因，恐怕就是前述所說：經濟情況與南方、北方的差距。因為乾燥氣候與濕潤氣候的不同，南北的農業生產與商業流通方式也有很大的差異。這很容易了解，但南北不同的原因，並不僅止於此。

華北與長城以北草原地帶的生活方式，雖然一邊以農耕為主，一邊以游牧為主，但氣候與生態系統上卻沒有太大的差別，交通往來上也沒有什麼阻礙。在唐代以前，華北很容易與北鄰的游牧民族政權結合，並且反覆受到契丹（遼）、女真（金）、蒙古的攻擊與統治。蒙古帝國的時代，蒙古對華北的統治方式，與對江南的統治方法不同，這是歷史背景造成的。

總之，中國的南北不管在經濟上還是政治上，在唐代以前一向是分離的狀態。

在漢人的王朝——明朝取代蒙古帝國，成為中國的統治者後，自誇統治下的漢人為「中華」，以此貶低蒙古人等是異族，這是很容易區分的。然而「中華」的概念很發散，很難說明清楚，所以明朝有必要把統治範圍合而為一。為此，便把一直分離的華北，和自己的根據地江南融合在一起。

實物主義與貨幣制度

其中，不問南北一律施行的，就是人民以實物納稅，例如要求繳納穀物就繳穀物、繳納飼料就繳飼料，不讓貨幣介入納稅的系統，政府當局也以繳納來的物資直接進行消費。官方或政府當局所需的勞動力也一樣，直接要求人民服勞役。

當時因為天災、瘟疫、戰亂的破壞而傷痕累累的社會，最重要的事情莫過於復原已經荒廢的農業生產力。尊重、重視眼前的實物，是可以理解的事情。但是實施實物主義，並把這種主義制度化、永續化，是另一個層面的問題，其目的不僅止於恢復生產力。

南北融合的「中華」，確實是靠明朝的軍事與政治力量達成的。但是，要讓這個融合永久持續下去，卻不是容易的事情。不僅要消除經濟上的差異，還要讓南北社會基層的水準一致。

話雖如此，突然要讓落後的北方配合先進的南方經濟，是不可能成功的事情，但反過來實施的話，就可以有所期待了。把華北以物易物的交易方式當作制度，在包括江南在內的中國全土實施。

不過，明朝政府並不是完全停止使用貨幣，仍然發行中國傳統使用的小額貨幣銅錢，和沿襲前朝的高額紙幣，例如第五十八頁的大明寶鈔。明朝發行紙幣有其原因，當時礦產資源幾乎乾涸，銅錢的發行量趕不上經濟發展的規模，不夠讓民間使用。在禁止使用金銀製造貨幣，銅錢又不夠用的情況下，大明寶鈔等於是缺乏準備的法定貨幣。

在此之前，華北地區原本也有很多紙幣流通。紙幣是稀有貴金屬的替代品，發行紙幣也是北方本位的政策。把這個政策運用到江南的話，就可以讓南北貨幣一體化。從這個意義上來說，以物易物也是相同的目的。

這樣的實物主義與貨幣制度，是明朝才有的政策，所以只適用於明朝的政權範圍之內。這樣清楚地畫清政權範圍，無可避免地會形成封閉的狀態。

作為經濟統治的朝貢

對內制度的架構，也與對外關係有很深的關聯。為了順利實施實物主義，就必須徹底管理商業流通，盡量不使用貨幣。尤其必須禁止使用本身就具有流通價值的金、銀等貴金屬。若要貫徹這一點，原則上也必須禁止海外貿易。因為當時的海外貿易，少不了以國內外具共通價值的金銀作為媒介。

對此，明朝自有對應之道，那就是一切的交流都必須透過「朝貢」來進行。日本學界稱此為「朝貢一元體制」。就像前面說明過的，朝貢是臣子向君主進貢獻禮的禮儀，明朝在這個「朝貢」的儀禮中，是上位的君主，而在其周邊的國家是低下的臣子。這是一目瞭然的事。朝貢體現了明朝所標榜的「中華」自尊，除此之外無他。

朝貢原本只是禮儀與對外關係，也存在於以前中國的各王朝政權中，是極為普通的事。但在明朝卻是一種特殊的存在，是中國境內經濟財政體制的一環，以此判斷對外的一切關係。周圍國家若不這樣向中國低頭臣服，就有可能斷交而無法進行貿易。

對明朝「朝貢」時，進貢給明朝皇帝的物品必定會換得作為回報的賞賜，而且明朝也會購買進貢物品的隨附貨物。這是一種交易，可以視為經濟行為，所以這種交易又稱為「朝貢貿易」。

進行這種「貿易」時，明朝政府支付的就是法定貨幣「大明寶鈔」。然而大明寶鈔到了外國也不能使用，只可以用來換取明朝境內的物資。這樣的結果也算是以物易物。

海禁與長城

為了讓這樣的貨幣、貿易限制，和與之相連的「朝貢」關係產生效果，除了物品外，也必須嚴格規定人員的出入。除了朝貢使節與其相關者外，沒有其餘的往來與交易。

對於沿海進入的船隻，明朝還發布了「一塊木板也不能浮在海上」的嚴格禁令。這就是所謂的海禁。剛開始，海禁是為了對付沿海的敵對勢力，防止敵對勢力與外國勾結，以及維持治安，但是後來卻成為帶有濃厚管控經濟色彩的政策。受到影響最大的，就是農業生產發達，金、銀儲備豐富的江南。

江南因為地勢的關係，海上的交通特別方便，所以在南宋以前，江南與華北分離，江南透過海外的貿易，在經濟上可以獨立自主。「朝貢」與海禁嚴格限制了江南與海外的交通，

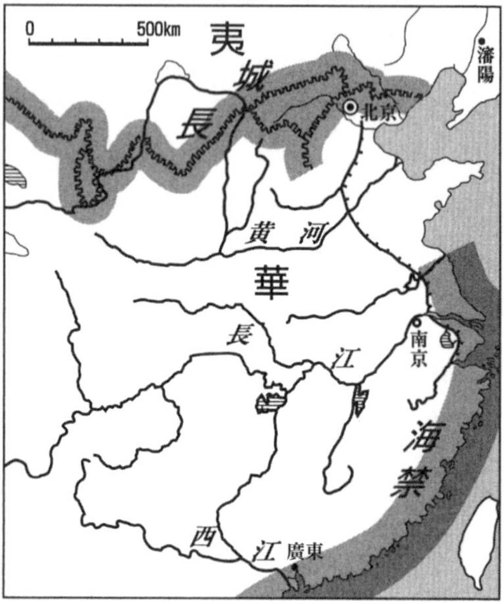

長城與海禁

法定貨幣「大明寶鈔」只能用於中國境內，與禁止使用國內外都可以流通的金銀；這三項政策阻隔了江南與海外的往來，加速促成江南與華北的連結。

這樣的體制從明太祖到其子永樂帝的時代更加堅固。永樂帝雄才大略，在位時積極推動對外政策。永樂帝最著名的政績便是親征蒙古高原的草原地帶，與派鄭和帶領艦隊遠征海外。兩者都符合明朝以「朝貢一元體制」與「中華」思想，建構世界秩序的大業。

前者是讓舊蒙古帝國根據地屈服的軍事作戰，後者是催促海外諸國來「朝貢」的海上示威遊行。兩者都是明朝以「中華」為尊，一律貶低周圍國家為「外夷」，限制外國只能以

「朝貢」的方式和中國接觸，排斥互惠的交流與貿易，徹底執行中國與外國是上下關係的政策的一環。

儘管如此，永樂帝反覆對蒙古的攻擊並沒有成功，到了他的後代遭到反擊，導致明朝政府修築萬里長城，改攻擊為防禦。如今長城的雄偉堅固，就是完成於明朝，約是十五世紀後半期。長城雖然阻隔了草原與華北之間的交通，卻讓華北與江南合而為一，防止「中華」解體。長城的作用就如同海禁政策切斷了海外與江南的連結。

2 東南亞秩序的重整

貿易與「倭寇」與海禁

前述提到的明朝體制，是往後東亞世界秩序的前提。日本與中日關係在東亞世界秩序中，是如何定位的呢？嚴格說起來，現代中日關係的起源，就在這裡。

而這個前提出自前一個時代，也就是十三世紀以前的情況。具體來說，就是蒙古帝國還很強大時，元朝與日本的貿易興旺。但在「十四世紀的危機」下，興旺的貿易狀態有了很大的變化。

「元寇」遠征東南亞，蒙古政府動員了穆斯林的海上勢力與舊南宋的人力、物力，組織一支龐大的軍團與貿易船團。也就是說，政府權力掌握並利用了民間既有的貿易商業。這在當時是有可能的。但是，自從大陸的政治權力開始動搖後，就逐漸失去對民間貿易的掌握與規定、管理。與此同時，沿海的治安也快速惡化了。

南方沿海的海上勢力，平時應該算是貿易業者。但是在海上秩序瓦解的這個時期，經常發生意外事件，為了保護自己就必須要有武裝，最後不得不變成了海盜。十四世紀中期，占領浙江，與明太祖競爭，後來敗給明太祖的方國珍，便是這類海上武裝勢力的代表。

至於說到與日本的前後關係，以前日、元間的民間貿易，在武裝化、暴力化的情況下，成為「倭寇」的源頭。當時和後面將敘述到的十六世紀的情形，在本質上有差別，所以一般稱為「前期倭寇」。

統治大陸的明朝政權不允許那樣的勢力囂張跋扈，決定進行取締。於是發布了「禁止下海通番」的命令，簡稱為「海禁」。這個命令禁止沿海居民從事海盜行為、禁止出海以及與外來的海盜勾結，並嚴格監視沿海居民的行動。其實海禁最初是海防政策，並不是用來管制經濟的政策。

但是，在海禁的政策下，仍然認可商人航海與交易，所以很難持續進行嚴格的監視。因為海盜「倭寇」的根基原本就是在海上進行貿易。明太祖為了對抗海盜而全面禁止民間的海上交易，和海外的貿易也只限於周圍國家的朝貢。海禁就這樣從海防政策，擴大成為取締民間祕密貿易的命令，還兼任維持「朝貢一元體制」的機能。除了透過海禁維持沿海的治安，取締「倭寇」之外，海禁也與控制經濟、維持世界秩序息息相關。

後醍醐天皇與大陸

這樣的情形不只存在於中國南方沿海地帶。在朝鮮半島，與蒙古帝國關係密切的高麗王朝在戰亂中滅亡，被朝鮮王朝取而代之。朝鮮半島的政權交替，也相當程度地受到沿海地區治安惡化的影響。而造成沿海地區治安惡化的海盜團體，統稱為「倭寇」。

「倭寇」這個漢語稱謂的由來，是因為從中國大陸與朝鮮半島的立場來看，海盜好像是來自日本列島的關係。其實，從史料上可以知道那時的海盜並非全是日本人，也有明朝人與朝鮮人，而且為數也不少。所以，「倭寇就是日本人」的觀點未必是正確的。當時日本列島也同樣處於治安惡化、海盜肆虐的狀態中。十四世紀後半期，東亞到處都有動亂，「倭寇」是整個東亞海域的問題。

十四世紀後半期，也是日本南北朝的動亂時代。鎌倉幕府倒台後，日本列島持續了短可以說是半個世紀以上，長可說是一個世紀以上的戰亂。而促成戰亂的環境條件，依然是地球氣候的寒冷化。「十四世紀的危機」不僅影響了大陸地帶，也確實影響了日本列島。

後醍醐天皇是日本列島動亂時期的中心人物。後醍醐天皇的新政策與思維，深受宋元時代文物制度的影響，這是日本人深知的事情。後醍醐天皇信服宋學，意欲發行紙幣，推動貨幣經濟，也很憧憬獨裁制與官僚制，他的目標是推動「建武新政」、「朕の新儀」（朕的新規），但是，他應該也知道他想推動的政策，實際上並不符合當時的日本社會吧？

日本南北朝的動亂，絕對不是只發生在日本內部的單一事件，它的開始與結束，都與東亞情勢有密切的關係。「倭寇」這個極端的語彙表現，也可以說象徵了日本與明朝的關係。

「不征之國」——不會去征討的國家

一再叫周圍國家來朝貢，是明太祖「朝貢一元體制」的一環。日本也和別的國家一樣，被要求向明朝朝貢。但是，明朝要求日本朝貢的動機與態度，與對待其他國家完全不同。對中國來說，因為有「元寇」的失敗經驗，與對「倭寇」存有嚴重的不信任感。所以要求日本朝貢，也是對付「倭寇」的手段。

當時的史料上經常出現明朝與懷良親王交涉的記載。懷良親王是醍醐天皇的皇子，在九州領導南朝，擁有勢力。明太祖即位不久，一三六九年懷良親王被要求鎮壓「倭寇」，並向明朝朝貢。

中國朝廷稱懷良親王為「良懷」，冊封為「日本國王」。「良懷」原本拒絕明朝的要求，但不久後卻表現恭順之意，向明朝朝貢了。但是，是真恭順還是假恭順，就不得而知了。不管怎麼說，明朝與「良懷」的關係並沒有持續下去；因為不久之後懷良親王的勢力就被擊潰，幕府取得了九州的統治權，明朝與「良懷」的關係自然就被切斷了。

從以上的概述看來，日本與明朝的關係一開始就不和睦。大約與此同時，明朝發生了胡惟庸黨獄的事件。胡惟庸是明太祖的宰相，因為太過專權而招來明太祖的不滿。西元一三八〇年，明太祖以胡惟庸「圖謀不軌」的罪名處死胡惟庸，之後受牽連而被殺者多達一萬五千人。明朝皇帝藉著這樣的肅清、流血行動，確立了自己的專制權力。

胡惟庸被處死後不久，傳出胡惟庸的黨羽可能與日本合謀的消息。明太祖大為憤怒，對日本的警戒之心就更高了。在日本人無法預知的情況下，明朝對日本的政治觀感惡化了。

明太祖的遺訓裡，把包括日本在內的周圍國家列為「不征之國」，告誡後代不要出兵征討那些國家。不征討對明朝朝貢，對明朝天子行恭順的臣下之禮的國家，這是可以理解的，但是，日本與中國周圍其他國家的立場顯然不同。明太祖或許是看出了日本潛在的威脅性，出於不願把事情鬧大的警戒心理，所以要與日本保持距離，日本因此被列為「不征之國」之一。

成為「日本國王」的足利義滿

到了室町幕府三代將軍足利義滿的時代，日本列島的動亂暫時結束了。南朝與北朝合而為一，足利義滿的權威來到前所未有的高度，試圖改變之前的中日關係。

足利義滿正式任命的九州探題（譯注：官職名稱，室町幕府設置的九州統轄官）今川了俊，擊退了受到肥後菊池氏支持的懷良親王等北九州的南朝勢力。今川了俊自一三七一年進入九州後，經過四分之一個世紀的經營，獲得了相當豐碩的成果。但是，功績滿滿的今川了俊後來卻被幕府解除九州探題之位。

今川了俊被拔官解任四年後，也就是一三九九年（應永六年），周防長門的守護大名大內義弘反叛幕府，即所謂的應永之亂。足利義滿經過一番苦戰，好不容易擊敗的大內義弘，他是南北朝講和時期，曾經立下大功的人物，在西日本擁有龐大的勢力。今川了俊被拔官解任後，大內義弘的勢力東達堺地一帶，西到博多，與大陸、朝鮮半島都有貿易往來。

排除了今川與大內的勢力後，足利義滿終於能夠直接統治北九州。或許這就是足利義滿的真正目的，因為北九州是與明朝進行交涉的門戶。

一四〇一年，足利義滿派遣博多商人肥富與僧侶祖阿前往明朝。據說他是聽了肥富的說法，認為與中國進行貿易，可以得到龐大的利益。不過，足利義滿要的，不只是金錢上的利益。他排除今川與大內勢力的目的，應該是一開始就有政治上的企圖。

一四〇一年也是明朝永樂帝發動靖難之變，打敗姪子建文帝，奪取皇位的期間。因為這個緣故，足利義滿未能順利地與明朝建立新關係。隔年肥富與祖阿帶著明朝的國書回日本。不久後，永樂帝即位，義滿再一次派遣使者，送去祝賀的國書。經過這樣的往來，日本與明朝之間終於達成協議，開始正式的外交與貿易。

先來看看明朝給義滿的詔書開頭：

皇帝詔曰，茲爾日本國王源道義，心存王室，懷愛君之誠，逾越波濤，遣使來朝。……

再來看足利義滿於一四〇三年上呈給永樂帝的國書開頭：

日本國王源表……

「源道義」和「源」就是足利義滿。此外，兩份文書都有「日本國王」這個用語。這裡有個問題，雖然是「日本國王」，但不要以為這是個很了不起的稱呼。

明朝自稱「皇帝」是「天下」──也就是君臨全世界的統治者，唯有「皇帝」不受限定。但「國王」是某個國家或地方的首長；「日本」這個地方的首長，就稱「日本國王」，而「日本國王」這個位子，應由統治全世界的皇帝任命。

也就是說，兩者之間毫無疑問是上與下，君與臣的關係。前面的引文中，義滿自稱是「臣」，而臣下向皇帝報告時用的動詞是「表」。

義滿在排除今川與大內之前，突然辭去將軍之位，接任了太政大臣的職位。出身武家的他，已做了公家位階最高的官，若再往上就只能凌駕天皇家，所以必須架構一個新的王權。義滿收拾了因為「十四世紀的危機」而誕生的日本動亂，在建立南北朝、公武、寺社等多元勢力的秩序中，得出了他自己的結論。

然而，日本的歷史、傳統中，並不存在義滿想要築構的王權。因為日本沒有那樣的背景。而能夠在日本得到認同的王權，就是「日本國王」的權力，若要擁有「日本國王」之名，首先就必須得到東亞第一權威的明朝認可。因此，建立日本與明朝之間的關係，就成為不能不做的事情。

日本人的本質

再來看看所謂龐大利益的貿易。義滿成為「日本國王」的目標，就是想隨著新王權構成，獨占日本與明朝的貿易。

明朝與日本的貿易又稱為「勘合貿易」。「勘合」是指「勘合符」，是驗證身分時用的分割符契（譯注：古時符契文書上蓋印信、分為兩半，當事雙方各執一半，用時將二符契相併驗對騎縫章作為憑證）。如果沒有明朝皇帝發給的勘合符，就不能進行貿易，所以明朝與日本的貿易才會有「勘合貿易」之稱。但「勘合貿易」這個用語確實很奇怪。一般出國旅行的目的大都是「觀光」，所以會說「觀光旅行」，而不會用出國時必須攜帶的「護照」來表示旅行，如「護照旅行」。明朝與日本的貿易直接用「朝貢貿易」來表示，不是更客觀更正確，而且也更容易理解嗎？

明朝的貿易是「朝貢一元體制」，所以不向明朝皇帝朝貢稱臣，就不能與中國有任何貿易交流。因此，中國周圍的國家儘管對明朝表示了恭順之意，卻未必代表要向中國稱臣。大多數國家向明朝進貢是為了貿易，從而得到別的地方得不到的中國物產。日本也是如此。

反觀明朝，明朝以貿易的利益為誘因，企圖讓周邊的國家來「朝貢」、稱臣，進入自己的思想體系之中。明朝也知周邊的國家對自己未必衷心臣服，但只要他們恭順，或者只要表面上恭順，就可以了。

只要能符合雙方的利益，關係就能穩定。十五世紀初的東亞世界秩序，就是這樣的結構。而如實地表現出這種結構的，就是永樂帝與足利義滿的關係。

日本南北朝時代的領導人物先有後醍醐天皇，後有足利義滿，都對中國懷有熱切的憧憬。前者造成了官方的動亂，後者壓制了武家的動亂，他們立場完全相反，但在憧憬中國，違反日本傳統的作為上，卻意外地一致。可以說他們是「異形」的帝王。

借用日本的中國史學家檀上寬的說法：足利義滿的「日本國王」，符合了大陸與列島的政權想法，當時的局勢是「互相需要，彼此依賴的關係」。這是史上罕見的情形。但是，足利義滿號稱「日本國王」的時間只有短短五年，隨著他的逝去，這個稱號就消失了。

足利義持是義滿的兒子，他繼承了義滿的將軍家，並且貫徹將軍家的立場，否定「日本國王」的王權。當然，他也不再對明朝「朝貢」，因此中斷了與明朝的貿易。以前的日本人大概都會認同義持的作法。

指責義滿與明朝的交涉是「屈辱外交」，不明白日明貿易的「勘合貿易」，這種想法是從「多利思北孤」（譯注：《隋書．東夷傳．倭國》中所記載的一位倭國國王）到「元寇」時期，日本人一直以來不變的本質與世界觀。所以從不向中國朝貢、不屈服於中國的認知與姿態來說，確實只能說義滿是「異形」。

那麼，在義滿死後，日本與中國的交流就完全停止了嗎？倒也不是。因為義持始終以批判的眼光看待父親義滿的作為，所以停止了與明朝的外交與貿易。不過，義持的弟弟義孝繼承義持的將軍之位後，日本便恢復了與明朝的交易活動。以堺為根據地的細川家，和占有博多的大內家等，都是旗下擁有商人，可以直接和明朝做生意，勢力強大的守護大名，他們擔起了日本與明朝進行交易的擔子。貿易的利益是很大的。

到了十五世紀後半期，通商和經濟，外交和政治，兩者的矛盾變得更加明顯。連讓兩者互相配合同步的「朝貢一元體制」，也受到不小的影響。

3 中國的改變

擺脫朝貢一元體制

不管怎麼說，永樂帝與足利義滿，都是當代的一流人物。且不論好壞，他們強烈的個性，確實提高了他們政治上的成就。而且，他們的成就不僅表現在內政上，對外也都架構出新的東亞世界與明、日關係。

再看看他們的後代子孫，兩相對照下，子孫的表現果然比不上他們。姑且不論個人的氣度、能力，在完成歷史性任務方面，也優劣立現。

日本也好，中國也罷；幕府也好，明朝也罷，各自的政權都在當代達到巔峰，此後只能往下走了。永樂帝推行的「朝貢一元體制」東亞新秩序，與義滿追求的「日本國王」王權等，都在他們去世後快速地消失了。

剩下的是利用政治上的地位從事貿易活動，眼中只有利益的競爭與低俗醜陋的行為。以後世的眼光來看，也會覺得厭煩，難怪現在的日本人難以關心那個時期。

寧波之亂就是當時日本醜陋行為的好例子。十六世紀初，在日本經營對明朝貿易的勢力，主要是大內氏與細川氏，一五二三年這兩大勢力在中國沿海的貿易港寧波，因為爭辯關係到貿易權利的勘合符真偽而起了衝突，牽連到明朝內的負責人，引起很大的混亂。

一五二九年，明朝處決了引起混亂的關係者，並且關閉了對日貿易的管理機關。至此，「勘合貿易」正式取消了。日本恭順的「朝貢」因為這個事件斷絕了。撕掉「恭順」的面具後，日本與中國的交易轉為暴力化、海盜化，成為中國的威脅。當然，這是中國的官方看法。

從明朝的角度來看，確實是會這樣解釋。因為日本脫離應該遵循的「朝貢一元體制」，中國對日本產生負面的評價，也是理所當然的。不過，客觀來說，中國對日本的評價還是太偏頗了，沒有看到全觀、歷史性的脈絡。

日本雖然引起混亂，但還是想和明朝進行貿易。如果不是如此，就不會引起混亂了。又因為想要繼續貿易的欲望太強烈，所以當正式的管道取消之後，只好使用暴力的手段來進行交易。因此，要追溯此後的歷史，就必須追究事情為何會演變至此的原因。

大陸的經濟成長

前述是陋的爭奪，是負面的例子。然而，所謂不高尚的事情，卻與許多人息息相關。把大多數無名人士所生活的社會展現出來，正是歷史學的原始目的。以下要敘述的事件，雖然沒有正式名稱，卻是推動歷史前進的原動力。

先來說中國。永樂帝果斷地攻擊了蒙古後，把明朝的都城遷到北京。他把明朝的政治、軍事中心遷移到生產力較低的北邊，以江南為經濟中心。因為政治與軍事是純粹消費性的活動，所以物資的調度必須完全依賴南方持續運送。這種情況下，當然少不了商業的行為。重新整頓大運河，就是為了把四百萬石的米運送到首都。有了大運河作為物流的中心，就可以增加特產品的生產與流通了。

明朝的實物主義，是與當時的經濟景況及對內對外的政治方針，做了巧妙結合的政策，可以說是非常周到的構想。然而到頭來這個構想也只是在腦子裡運作，淪為紙上談兵。因為在不到百年的時間裡，情勢就大大改變了。

官員的俸祿與津貼，原本都是用米穀等實物支付的。但是，到了十五世紀中期，在官員強烈的要求下，政府開始改成以銀兩代替米穀支付。改成以銀兩支付的原因之一，便是米價下跌，以米穀支付的話，官員們都變窮了。這代表明初以來恢復農業生產的重要課題獲得成功，農業生產力提高了。這是好事。但問題是：為什麼要用銀兩代替？這是因為官員、軍人們生活的北京等城市的物資，大都仰賴南方供給，而南方是以銀兩進行交易的地方。

所謂南方的重心，就是江南的長江三角洲。那裡是中國生產力最高的地方。長江三角洲的產業構造，在這個時期發生了變化。那裡原本是全面稻作的地帶，但這時變成了中央地帶種植稻米與冬季作物，太湖以南的作物是米與桑，邊緣的作物有棉花、麥、麻等等。其中尤其有名的是湖州府附近的養蠶業，和栽種棉花的松江府，也就是現在的上海一帶。為了提高作物的產量，農民花錢購買肥料，租借動物來耕作，投入更多的資本與勞動力。

就這樣，一個地區的農作多樣化了，產品自然也會商品化。不久後，把蠶絲、棉花織成絲綢、棉布，以及為絲綢、棉布染色、亮澤的精細手工業也興起了。如此一來就更少不了雇用勞動力了。

於是人口增加了。當時長江三角洲的中心都市——蘇州的人口已達到百萬，若再加上周圍衛星城市的人口，據說有五百萬之多。人口大增的結果，導致主要的稻穀作物不能自給自足，進而促成了長江中游流域的開發。在從湖南湖北輸入百萬石稻米的同時，三角洲一帶也賣出了以絲綢和棉布為主的商品。

就這樣，各地方發展出分業與互相依存的關係，並且逐漸深化。隨著許多物資流動，人們當然也會來來去去，於是交通與交易的頻率也提高了。

貨幣在哪裡

農業條約化，經濟商業化，社會流動化的趨勢不斷發展，變成了難以阻擋的潮流。那段時間，位於心臟地帶的長江三角洲非常需要貨幣，但是當時並不存在適當貨幣。雖然也有銅錢與紙幣作為法定的貨幣，但那都只是實物主義的補充品而已，無法回應大規模商業化的經濟需求。

說到這個時期的銅錢，織田信長使用永樂通寶銅錢的圖樣作為旗幟的事，在日本是相當有名的。如字面所示，永樂通寶是明朝永樂帝時代在鑄造的銅錢。既然永樂通寶能在日本流通，想必也在中國大量使用吧？如果這麼想，就錯了。

永樂通寶確實是在中國鑄造的沒錯，但是，若比照持續擴大的經濟規模，當時的發行量是嚴重不足的，而且也沒有得到市場的認同。出現在日本的永樂通寶，是從沒有使用這個錢幣的中國傳來的，但也有可能是在日本模仿鑄造出來的。總而言之，以永樂通寶為首，由中國明朝政府發行的銅錢，幾乎是不被使用的貨幣。

紙幣也一樣，因為沒有準備金作為後台，無法兌換物資，所以也不被接受。當時面額一千文錢的紙幣，實際的價值跌落到只有三文錢，根本就像垃圾一樣。

如果換成現代，政府一定會想辦法提出相應的經濟政策或改革幣制。但是，那時的中國明朝卻不這麼做。因為實物主義是建國的明太祖立下的神聖祖法，後代子孫不宜過度修改，所以不會有改革幣制這樣的政策方針。如此一來，政府的法定貨幣，就變成完全不能使用了。於是不可信賴的民間便自行設定了貨幣，由此可見需要貨幣的趨勢愈來愈顯著。

若是金額少的小規模交易，或是只在狹小的區域範圍內的交易，確實容易設定獨自的貨幣與其價值。舉現代的例子來說，民間自行設定的貨幣就像是商品券或代幣之類的東西。在極本地的範圍內，事實上存在著很多私鑄錢幣的情況。

然而，民間個人私鑄的錢幣，並不適用於大規模且遠距離的交易與結算。大規模而遠距離交易所使用的貨幣，必須是方便攜帶，而且不顯眼，具有所有人都能相信的價值的貨幣。恐怕只有數量少且價值高的貴金屬，才適合作為那種交易的貨幣。於是價值高，產量還算可以的貴金屬銀，就被選中了。就這樣，不只民間的經濟，政府的財政也都轉換成以銀計價的經濟體制。官員的津貼也變成以銀支付，這是必然的結果。

走私貿易盛行

但是，中國的文明由來已久，早就習慣使用貴金屬，國內的銀礦幾乎開鑿殆盡，必須從境外輸入必要的銀。如此一來，中國對於貿易的需求，就變強烈了。

渴望貿易活動的，不是只有需求銀的產業。工業化的江南三角洲所生產的蠶絲、絲綢品，不僅在中國境內市場獲得好評，在中國以外的地區也大受歡迎。當時湖州的蠶絲有「湖絲」之稱，非常的有名，按照現代的說法，就是高級「名牌」貨。當時有「白絲」之稱的日本蠶絲，也是高級品。

自古以來蠶絲就是中國的特產品，並不是從明朝才開始有的。在西方，從羅馬時代開始，中國就有絲之國之稱。明朝的蠶絲和以前不同的只是產地、產量和品質。

相對於蠶絲，棉花是蒙古時代才傳入中國的新產物。江南三角洲生產的棉花，在供應超過中國國內市場的需求後，便開始尋求海外的市場。明朝末年的數據顯示，當時輸送到日本的松江棉布超過兩千萬匹，占了總生產量的九成，日本稱之為「南京木綿」。「南京木綿」與當時湖州蠶絲並列，是世界稱冠的特產品。

除了棉布與絲綢，中國還有從很久以前就獲得國內、外市場喜愛的茶與瓷器。這些充滿魅力的中國名牌貨，是世界各國垂涎、渴望得到的物品。在外國的強烈需求下，與外國進行貿易，是必然的事情。

但是，明朝政府的「朝貢一元體制」禁止民間的貿易活動。因為「朝貢一元體制」是神聖的祖制，是國家不能改變的政策。所以這樣的禁令直到明朝結束，也沒有完全解除。若要在這樣的禁令下進行貿易活動，只好違反法令，改採走私貿易。

經濟的商業化與經濟商業化下民間社會對貿易的渴求，壓垮了明朝的理念與政策。對銀的強大需求，讓實物主義變得有名無實，走私貿易更跨越了以阻隔草原與海外為目標的長城與海禁，大為盛行。

不管政府怎麼發布禁令，都阻擋不了民間對貿易的渴求。愈是禁止，民間的騷動就愈強烈。很多官員看透這一點，於是默許違法的走私貿易，並且趁機中飽私囊。寧波之亂期間，明朝官員的態度是收受賄賂，挑動糾紛。以當時來說，明朝官員的作法是理所當然的。那樣做不僅比較簡單，也能獲得實際的好處。

進入十六世紀後，走私貿易走到真正的興盛期。那時的世界也來到大航海時代，歐洲啟動世界性經濟，而日本列島也在這個時候成為東亞最大的焦點。

4 日本的改變與「倭寇」

技術革新與大轉變

前述是進入十六世紀後的中國狀態。說明了以前一個世紀的秩序作為基礎的實物主義，在禁止使用金銀的命令下，已經露出嚴重的破綻。

換個方向，看看日本的情形。那時正好要進入日本的戰國時代，觸動轉變的應仁文明之亂，始於十五世紀中期的西元一四六七年。在中國的情勢改變之際，日本也發生了很大的變化。

這不是日本的第一次大變化。日本從古代邁入中世紀，也是一次大變化，以前會以「經濟成長」來形容這種改變。而這一次的變化——也就是說從中世紀邁向近代也可以用「經濟成長」來形容。只是，雖然同樣是「成長」，內容卻不一樣。

從古代邁入中世紀，是透過莊園的量擴大變化。這個量擴大的趨勢一直持續著，也成為後來時代變遷的基本模式。但是，除了量擴大的基本模式外，從中世紀到近代的變化還有一個特徵，就是質的急遽變化。

量的變化可以歸納出三點。首先是人口增加為之前的三倍，其次是耕地增加了將近兩倍，然後就是黃金和白銀的大量生產。總括來說，就是這三點而已。

不過，在這三點的背後，卻有很多不一樣的要素在運作。人口增加時，因為必須要有能夠配合增加人口的食衣住，所以就一定要有能夠創造出那些食衣住的土地。增加耕地的面積是必然的事情。

日本的國土狹窄，又有很多陡峻的山地，已開發的現有土地的生產量，已經達到界限。既然如此，只能尋求尚未開發的土地來增加生產，那就是河口附近排水不良的沖積平原。

也就是說，原本住在高地的日本人，必須從高地下來，在低濕的地方過生活了。而低濕地方的生活方式和勞動方式，當然和在高地不一樣。

地勢低，含水量豐富的沖積平原適合種植水稻，而水稻可以養活最大面積的人口。稻田種植面積擴大與人口增加並行的結果，創造出現代日本農村的風景。

開墾水田是很大的工程。不用說也知道，開墾水田需要相當多的勞動力，此外還少不了的，就是圍海造田、排水、引水等，可以控制水資源的土木工程技術。這類技術的發達與運用，和前代截然不同。

土木工程技術的發達當然不是只幫助了耕地的建造，對築城、住屋等聚落的形成，也有很大的影響。其中一個象徵就是這個時期的日本城堡從據山而建的山城，逐漸轉換成在平地的平城，而從山上往下移動的現象，迅速帶動了城下町的形成。城下町可以說是現代日本都市的基礎。

隨著人口與耕地的量增大，都市與農村一個個成立了。支持這種轉變的，就是技術革新。每一種技術革新都是形塑這個轉換期的要素。

世界金銀的三分之一

技術革新不能只看日本國內的情形。槍械是從「南蠻」（歐洲、東南亞）傳來的，從這一點來看，就一目了然！槍械是當時改變武器、戰術乃至戰爭本身的最大革新。因此，跳過技術本身的傳播與海外的關聯、關係，是很難理解革新的意義的。

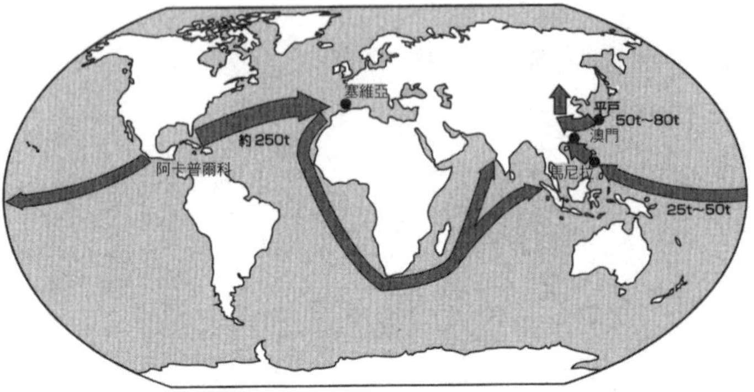

一六〇〇年前後，銀的移動路線

革新與金銀產量增加，提升到第三位有先後的關係。技術的革新也影響到礦山的開發，讓這個時期生產了許多貴金屬。世界遺產之一的日本石見銀山出產的「灰吹銀」，是利用汞齊法精煉的銀，相當有名。

日本金銀銅的產量增加了，對國內的貨幣、經濟也有很大的影響。但是，篇幅有限，沒有詳述的空間。畢竟這個時期最重要的，還是與海外的關係，尤其是與中國的關係。

如前面所述，當時的世界是大航海時代，全球化規模的商業風潮已經沸騰。而這股風潮的原動力之一，就是新大陸生產的銀。另外就是亞洲充滿魅力的物產。中國的茶、蠶絲、瓷器，印度的砂糖、棉花等等亞洲代表性的物產，席捲了世界的市場。為了購買這些充滿魅力的產品，白銀繞著地球，從西方、東方奔向亞洲，以遠東的中國為目的地。

而中國對銀的需求，用「要把世界各個地方的銀從地底下挖出來」來形容也不為過。在這樣的趨勢中，表現最積極的，就是日本列島。這個時期的日本，也和歐洲國家一樣，對中國的物產充滿了渴望。

日本和新大陸及獲得新大陸生產的銀的歐洲國家一樣，也擁有豐富的金銀。在這時的革新技術下，日本金銀的產量增加了。十七世紀的日本金銀產量占全世界的三分之一，而這些金銀幾乎全部換成了中國的物產。

從十六世紀到十七世紀，日本銀交換中國產品的中日貿易，是東亞經濟的大動脈。這個大動脈與歐洲的通商相連，成就了大航海時代。當時不管是推動世界貿易的葡萄牙人還是荷蘭人，他們在東亞貿易，都只不過是搭上中日貿易關係的便車而已。

「南蠻」、「紅毛」與登陸日本，是日本史上劃時代的事件。但是，若無中國與日本的中日貿易，就不會有「南蠻」、「紅毛」登陸日本了。

倭寇再來

前面提到的「寧波之亂」有象徵性的意義，因為它是發生在十六世紀初的事件。此事件終止了日本與明朝之間的「勘合貿易」，等於貿易失去了政治性的任務與意義。也就是說，十五世紀末，貿易變成單純只為了經濟上的利益。

在導致政府制定的正規貿易行動消失的寧波之亂後，從日本來的商人與走私貿易，在現在寧波附近的舟山群島與更南方的福建沿岸，愈來愈盛行了。而活化了祕密貿易的原動力，就是中國的物產與日本的貴金屬，中日進入以銀交換的貿易。

當時的明朝官員、葡萄牙人、傳教士等等，一致地認為「倭人」帶到中國的只有「銀」，但換回了絲綢、陶瓷器和香料等等產品。這是事實。天主教耶穌會的創始人之一聖方濟．沙勿略稱日本為「銀之列島」。而所謂的「倭人」，並不全是日本人，也包括了王直那樣的中國貿易商，與海盜。這是十六世紀時東亞的普遍風景。

王直是十六世紀中葉時期，在舟山群島的雙嶼與日本人往來、貿易的中國人。除了日本人外，想要前往印度、東南亞的葡萄牙人也會出現在雙嶼，以雙嶼為中繼站。雙嶼是當時的大貿易港。

像這樣聚集了漢人、「倭人」、「南蠻」等來自各國，華夷雜處的聚落，並非只有雙嶼，現在的廈門、澳門，也是當時的重要聚落。

這樣的狀態，也說明了從法治上規範貿易與利用意識形態的政治、權力的衰敗。中國內外已經沒有人在遵從政府的法令，也不理會官方的取締了。無視禁止使用金銀的命令，即使沒有勘合符也一樣進行交易，海禁名存實亡。明朝嚴格區分華夷的國策，已經沒有意義了。

在法律與政策變得有名無實的情況下，還硬要忠實地執行明朝的制度與法令，其結果就是造成更大的混亂。一五四七年起，浙閩提督朱紈對雙嶼強加管制，就是最明顯的例子。

朱紈是一位認真而清廉的官員，他或許只是秉持信念執行國家的政策。但是，以現代人的想法來看，他是一位不懂順應環境，不知變通的官員。有一句話說：清官之害甚於貪官。這句話可以作為朱紈的寫照。

朱紈的強加管制，反而讓「嘉靖大倭寇」、「後期倭寇」更加猖獗。從浙江到福建、廣東的沿海一帶，海盜橫行，治安惡化到無法可管。朱紈也遭到彈劾，最後自絕。這樣的結局揭露出民間經濟的走向與明朝政治的指向，呈現完全相反的情形。

被稱為「倭寇」的海盜行為，讓王直在一五五九年被處死，但海禁在一五六〇年代被放寬，沿海一帶的治安暫時平靜了。但這只是處理「倭寇」問題的治標療法，與治本相去甚遠。

當時的「倭寇」騷擾不是個別的事件，是常見的事件。無視法令存在的走私貿易已成常態化，演變到「倭寇」的情況，如果政治無法處理，東亞就無法恢復秩序。中日共同製造出來「倭寇」這個社會現象，需要新的政府來解決。至此，歷史將進入新的階段。

從「倭寇」到「倭亂」

如前所述，是東海海上世界的局勢。以日本人的角度來看，這是從日本列島往西南，橫渡大海，與大陸的直接關係。但是中日之間的關係不是只有那樣，還有往北涉及到朝鮮半島的關係。況且，朝鮮半島更接近日本，與朝鮮半島關係的重要性，絕對不亞於東海海上的關係。

在那段期間，日本與朝鮮半島之間並非風平浪靜。前已經詳述，十四世紀之後，前期倭寇曾經對朝鮮半島造成重大的影響。朝鮮王朝的建立，甚至也可以算是其中之一。

此外，發生於十五世紀初的應永外寇事件，也是個著名的例子。當時朝鮮政府以擊退「倭寇」為名，出動兩百餘艘軍船攻打對馬，經過十餘日的戰鬥，朝鮮被擊退。由此可知，對當政者而言，歸根究柢「倭寇」是政治、軍事的問題。

從這個時候起，被稱為「倭寇」的海盜行為降溫，對馬與朝鮮之間的貿易關係漸漸建立起來了。不過，日本列島原本就不像朝鮮半島那樣有統一的安定政權，所以雙方的關係並不穩定。那時有所謂的「偽使」，號稱由虛空的「日本國王」派遣使節團頻頻登陸朝鮮，進行日本與朝鮮之間的貿易與外交。

到了十六世紀，因為進入朝鮮的日本人多了，大量的日本白銀隨之流入朝鮮半島。處於經濟成長與淘金熱、淘銀熱的日本列島，和朝鮮半島的貿易應該也有所成長。

但是，若論規模，列島與半島的貿易，還是比不上列島與中國沿海的東海世界貿易。況且，來自列島的人還擾亂了半島經濟，惡化了半島的政治，迫使半島的政府展開驅逐的手段，讓經濟活動變成政治問題。對朝鮮王朝來說，日本是帶來政治與軍事災難的源頭。

最明顯的災難就是豐臣秀吉在十六世紀末期出兵朝鮮。當時朝鮮幾乎全境都被戰爭蹂躪，此一戰事稱為「倭亂」。雖然同樣是來自隔著海洋的日本列島的威脅，但前一個世紀

「倭寇」的侵擾是分散的、間歇性的，而「倭亂」卻是組織性的大規模軍事侵略。

日本與明朝的戰爭

以朝鮮為「入唐」的跳板而出兵朝鮮，這樣的動機只能說是無知的妄想。但是，對照事實的經過，卻不能只用「妄想」一詞帶過。朝鮮受到日本攻擊後，向明朝求援，而明朝也很快出兵援助朝鮮。出乎意料之外，秀吉這麼快就如願與明朝對決了。

平定秀吉出兵朝鮮之事，是中國史上「萬曆三大征」中的一征，也是明末三大戰役之一。日本列島與朝鮮的軍事、政治關係，往往也會轉化成中日關係。

一五九二年開始的文祿之役，日本軍在平壤大敗後，戰局陷入膠著，於是雙方開始講和。對中國來說，講和就是要求豐臣秀吉稱臣，接受明朝的冊封，向明朝朝貢。換言之，明朝的腦子裡所想的，就是日本必須遵從明朝描繪的世界秩序。但是，作為明朝對手的日本人，又是怎麼想的呢？日本人沒有那樣的想法。

秀吉想收服朝鮮，然後挑戰明朝，但世界不是他想的那樣，他的想法完全脫離了明朝描繪的世界秩序。不是冊封與朝貢的問題。秀吉發動戰爭之事雖然也受日本人批判，但日本人不接受明朝、朝鮮的秩序體系的想法，卻和秀吉是一樣的。其中存在著日本列島、朝鮮半島、大陸之間難以填補的鴻溝。簡單地說：東亞的常識不適用於日本。

日本與明朝的講和交涉，果然破局了。能夠結束這場戰役的，只有發動這場戰役的秀吉死去。一五九八年秀吉去逝，日本與明朝的戰爭也結束了。

「倭寇」的基本結構

如此看來，半島方面的中日關係，與東海世界的中日關係，似乎是相對的。前者是介入朝鮮半島的政治、軍事關係，後者主要是與海上貿易有關的經濟關係。

不管是前者還是後者，日本都以「倭寇」的姿態出現，並且與大陸、朝鮮半島的政府發生激烈的衝突，在朝鮮半島上甚至從「倭寇」升級到「倭亂」的程度。相對於半島的組織化軍事衝突，在東海的海域上，日本仍然不失貿易商人的面相。

這種南北不同的兩種面相，彷彿是從前十三世紀時「元寇」、弘安之役的再現。經由朝鮮半島的東路軍與橫渡東海的江南軍的性質，也是不同的。前者是純粹的軍事部隊，後者是貿易船團。這與南北兩種「倭寇」的情況，彷彿如出一轍。

只是，即使情況相同，時間的跨度卻不同。「元寇」是戰爭，是一次性的事件，戰爭結束就過去了；但「倭寇」是持續超過一個世紀的事態。因為「元寇」而成形的中日關係的原型與框架，在以後的「倭寇」時期定形，並成為中日關係的基礎結構，根深蒂固了。

從「元寇」到「倭寇」的中日關係，是侵擾而敵對的關係。侵擾與敵對的程度雖然不同，但南北一致。既然如此，要如何控制對立的情況，把雙方的關係導向安定與平穩呢？這是中日經濟，於戰爭結束的十六世紀之後得到成長，也就是下一個世紀的課題。

第三章

和平與疏遠——清朝與鎖國

1　中日政權的改變

日本的「身家更替」

十六世紀，日本列島首次以能改變世界史的姿態出現了。在此之前，即使忽視日本的存在，仍然可以談論世界史。但從這個世紀開始，就不是這樣的了。在東亞尤其如此。日本的改變如同前面所述。史學家稱這樣的改變為「從中世紀邁向近代的變化」。這個變化會讓日本人立刻聯想到從戰國大名織豐政權、江戶幕府的「天下統一」的歷史。不能單純只看變化中的「鎖國」、領地的爭奪、政權割據的興亡等等權力的統合過程，應該從更深層的角度去看社會變動，及其安定的過程。

如前一章的最後論及的，這個時代出現了技術革新與經濟成長。當然，變革不全然是物質性的改變，更須強調的是政治社會的變化。

日本從古代開始的中世紀改變，是列島的開發，是生產量的擴大。為了配合擴大開發而動員勞動力，產生了大大小小的地方勢力。為了守護開墾出來的土地，就不得不武裝起來。武家政權就是在集結這樣的勢力、對抗既有的秩序下形成的。這就是所謂由下而上組成的權力體系。

這種集結與由下而上的權力體系，不是按照既成理論或計畫形成的，而完全是在摸索的情況下生成的。要如何組織？由誰來掌握主導權？權力所及縱向的上下階層，橫向的地域空間，是如何區分？有多大的幅員？新的政權與既有權威的地方勢力之間的關係，因為各自的利益而時合時離，反覆試行錯誤的結果，讓社會失去長久的安定。日本的中世紀就是這樣的時代。

這段期間裡的一個大轉折點，就是應仁文明之亂。東洋史學的先驅內藤河南先生，把這個發生於十五世紀末，持續了很長一段時間的社會動亂，定義為「整個日本的身家更替」。這個論點很老舊，比它更清晰、正確的論點有很多。不過，若把和中國的關係與對比考慮進去的話，他的論點從容易理解與一針見血的角度來看，確實無人能出其右。

用一句話來說明內藤湖南的論點，就是「下剋上」。這句話是大家都能明白的歷史用語，現代人也常用這句話來比喻，所以不太會造成誤解。至少內藤湖南的發言，不像現代人那樣地輕率。

他所說的，歷史上的「下剋上」，並不是部下踢走上司那種「隨便」的事情，而是「階級最低的人破壞了所有既定秩序」的現象。是「平民實力的興起」，是貴族、世家階級的統治力量被打敗，更是「應該頌讚的時代」。用筆者的話來說就是：下層的「平民」擊潰了上層，透過這件事，上下階層統一化，社會一體化了。

民治與民政的誕生

順應這樣的動向而崛起的，就是戰國大名。他們之中大多與被他們統治的人一樣，都是沒有身家背景的「平民」。但他們靠著實力成為統治者，而其他的「平民」便歸附在他們的勢力下，形成一個有組織的權力集團。

換句話說，為被統治者施行政治的想法誕生了。因為統治者與被統治者是無法隔開的一體，所以此後的日本有了民治、民政的概念，並以此作為政治基礎，在社會中發揮作用。

事實上，在東亞歷史中，尤其是在同一個時代，這是空前的政治社會結構。日本人因為身在其中，所以認為這樣的政治社會結構是理所當然的，往往忽略了它的意義。與後面將提到中國做個比較，或許就能明白了。

只是，戰國大名的崛起並沒有建構出安定的秩序。因為統治者與被統治者很容易更替，不知道什麼時候又會有人出來武裝政變，在這樣的情形下，光是要維持治安，就不是容易的事。這讓織豐政權的出現變得有意義。

組織獨占領主權力的壓倒性軍事力，隨之而來的就是兵農分離與身分秩序的重整，這些造就了織田信長、豐臣秀吉的「天下統一」事業。信長征討比叡山、一向一揆的慘烈宗教戰爭，與秀吉的太閤檢地、刀狩令等政策及討伐民亂等行動，都是因應新社會的權力與制度而產生的，這些最後便歸結在江戶幕府的身分制上。

世襲身分制一開始是極為人為、人工的制度。「下剋上」是社會變動、上下統一化的結果，重整、固化變得扁平流動的階層結構。為了實現、繼續良好的治安與有效率的社會分工，那些都是當時必需的。「德川的和平」就是必要的產物。

十六世紀以來，從下層湧上來的能量，帶動了經濟性、物質性的大開發，也創造了擊潰上層的強大權力體。那股能量不只帶動日本列島內部的變化，也擴散到列島以外的地區，與大航海時代的全球性商業風潮產生連動。「倭寇」、「倭亂」之事不必再說，往後的朱印船貿易盛行時期，也可以看到日本的海外發展，這是日本變革的具象化。隨著與外國的交流愈來愈緊密，日本為了徹底控制這樣的活動，最後只得祭出「鎖國」的政策。不過，整個十七世紀，日本與海外的往來頻繁是全國的形勢。

中國經濟界的動靜

再來說另一邊的中國。中國的全球商業十分繁榮，產業蓬勃發展，積極開發尚未開發的。從字面上來看中國經濟成長的現象，似乎和日本沒有什麼差別。況且，在「倭寇」的因素下，中日之間有著很深的相互關係，漸漸就被認為在同一個時代裡有著共通的歷史。但是，依然有必要仔細觀察中國社會，再進行判斷。

中國確實在十六世紀時達成了飛躍性的經濟成長。如前面所說，中國的經濟成長主要與日本的貿易有著不可分的關係。當時統治中國的明朝實施海禁，是禁止使用金銀的。所以，藉由貿易的經濟成長，是違反政府意志的發展。正因為如此，「倭寇」才會造成治安的惡化。

中國當時的外患不只有南方沿海地帶的「倭寇」，北方的長城也有不能進行貿易，而一再反覆出兵騷擾明朝的蒙古。「倭寇」加上蒙古，明朝的邊界因為北方游牧民族蒙古與南方海盜「倭寇」，而特別不平靜。明朝的外患就是所謂的「北虜南倭」。

政界、官場與經濟界，說起來原本就是對立的。位於經濟心臟部位的江南三角洲是反政府的地區，以民間有勢力的階層為中心，對明朝政府的權力進行反抗的精神非常強烈。

明太祖建國之初，曾經以嚴酷的手段征服反抗他的蘇州。明朝政府在征服江南三角洲後，因為那裡是經濟進步地區，所以朝廷制定了可以在經濟方面壓榨江南的制度。簡單地說，就是對江南地區課以重稅，江南的耕地只占中國全境耕地的九十分之一，卻要負擔全國十分之一的稅。算起來幾乎是十倍於平均負擔值。為此，蘇州人雖然不主動以武力挑戰政府的勢力，但是會敵視、蔑視政府的權力，並且消極地持續抵抗政府的勢力，採取不合作的態度。

就算對抗政府的態度不夠鮮明，但中國全境都懷疑蘇州人對政府的支持。在幣制與財政上，明朝是失敗的。世界史教科書也提到明朝賦稅及徭役制度的「一條鞭法」，是明朝難以理解的制度改革之一。總之，明朝的制度言行不一致，充滿了矛盾。僅僅這一點，就足以說明明朝政策的失敗。

政府的措施是由組成政府的官僚、軍人推動、施行的。但是，不管是政治人物還是官僚、軍人，也和一般老百姓一樣是生活在社會中的一員，也要滿足食衣住行，生活在相同的經濟活動中。所以一般老百姓感到不便利的事情，官員們也會感到不便；民間老百姓以銀子為貨幣的話，官員們也要使用銀子。銀子成為交易的結算貨幣後，明朝政府也必須放棄官方推行的實物主義。至此，實物主義就不值得信賴，官民都不再相信明朝的政策、行政了。

官民不同道

中國的王朝政權和前近代的其他國家一樣，是為了養活構成王朝的成員、官員與軍隊而存在的。歷代不管哪個王朝，多少都是如此。王朝政權所徵收的稅金，未必直接用於與人民相關的行政事務。統治者雖然標榜「取之於天下，用之於天下」的理念，但是能完全如實地實施此理念的，即使是現在的國家，恐怕也非常稀少，更何況是過去的中國。

以現代人的觀點來說，官員和軍人都是公僕，應該是要服務人民與推動公共事務的人。但是當時中國的實際狀況並非如此，官方反而是仗著權力與武力在壓榨人民。而且，官方要實施於民的政策，又太偏離現實了。

終於人民不再相信官方，並且用盡一切手段來擺脫官方的控制。人民與能相信的夥伴攜手，成立互相扶持的組織，靠自己的力量完成民政與福利，不期待什麼官方的政策了。

中國的官僚制是官遠高於民，官員不直接接觸老百姓的結構。中國稱位於官僚制末端的地方官為「親民官」或「牧民官」，意思是直接接觸人民、治理人民的官。可是當時的情形完全不是那樣，而官員不做民政的事，與人民直接接觸的機會就更加少了。

不過，話雖如此，官員與人民也不是完全沒有接觸的時候。納稅與刑罰，就是官民非接觸不可的情況。因為人民也不想惡化官民之間的關係，希望能與官方保持圓滑的往來，因此還是要努力與官方取得連繫。

於是，團體中發現有學習優秀的子弟時，便集中栽培那樣的人，讓他去參加科舉考試，藉由科舉考試得到官職，或成為有名望的人。如此一來，團體受到的壓榨就會減輕，團體的期待也容易被聽到。

雖然沒有世襲的身分制度，但在統治者與被統治者的社會分工上，官與民不同道的情形似乎顯而易見。在這樣的情況下，官方不執行民政，民間經濟不相信官方，官與民不在同一個世界裡，如何分工？與其說當時的中國社會是官民分工，不如說官民不同道更適合。那樣的中國社會與同時期日本扁平的統一結構，是完全不同性質的東西。

缺乏相互規範制度牽制的官民，其內部是自由、放任的，因此社會分工未必能有秩序而安定地營運，反而呈現出競爭激烈，浮沉頻繁，權力鬥爭橫行，貧富懸殊的現象，讓社會處處潛藏著不安的因素。一旦出現狀況，治安就隨時會惡化，進一步發展成更大的動亂。

當時明朝的君臣們相同的感慨便是：

天下禍亂已經無可收拾，國家的敗壞已經無法挽救。

明朝末期，十七世紀前半期的中國，是絕望的時代。朝廷的黨爭不斷，民間暴動頻傳，農村時常發生饑荒。最後終於爆發了導致一六四四年明朝滅亡的內亂。

2　清朝、朝鮮的關係與日本

清朝的崛起

十七世紀中葉平定讓明朝滅亡的內亂，是在長城外遼東地區崛起的明朝鄰居——清朝。清朝的起源是以收集毛皮、採集人參等特產品為主的遼東地區女真人，也是有武力裝備的貿易集團。

女真人的這個武裝貿易集團，與要求茶與馬的交易而頻頻越過長城，甚至威脅到北京的蒙古；以及想用白銀交換銅錢與蠶絲，而騷擾中國沿海地區的「倭寇」，基本上是一樣的，所以可以視之為「北虜南倭」中的一個支派。但是，他們突然在明朝即將滅亡的時刻崛起，並且從武裝貿易集團，快速成長為政治集團。這一點與日本或蒙古不同。

努爾哈赤是這個武裝貿易集團的領導者，花了三十年的時間，統一了整個女真族。隨後，努爾哈赤於十七世紀初開始公然與明朝為敵，一六一九年的薩爾滸之戰打敗明朝與朝鮮的聯軍，確定了獨立建國的姿態。女真族之後稱自己是「滿族」，所以接下來以滿洲稱之。

努爾哈赤接著進攻漢人移民占多數的區域，並於一六二一年攻陷瀋陽、遼陽。以不同於明朝的意識形態的「華」、「夷」混合社會為基本的政權，逐漸成長。

努爾哈赤的兒子皇太極繼位後，於一六三四年遠征西方的草原地帶，征服了繼承成吉思汗血統的察哈爾部，大大地擴大了版圖。察哈爾部是現在內蒙古自治區的一部分。不僅如此，皇太極把成吉思汗後裔的蒙古人排位於自己之下，除自立為蒙古帝國大汗的繼承人外，還聲稱接受滿、蒙、漢的擁戴，即位為皇帝。

已經是滿洲人及居住在遼東地區漢人的君主的皇太極，至此也成為蒙古人的君主。既然已是滿、蒙、漢三族的共主，當然必須有更適當的地位與頭銜，於是仿傚忽必烈的「大元國」，皇太極建立了「大清國」。一六三六年，清朝成立了。

自此，大清國名符其實地成為明朝不能共存的敵人。第一個讓明朝不能容忍的，就是明朝以中華的王朝自居，絕不允許清朝的君主使用與自己對等的「皇帝」頭銜。而且，以起源來說，不可否認的，明朝本身就是脫離蒙古帝國而成立的王朝，所以當然更不能接受大清國的存在，否則明朝本身標榜的世界秩序，就會失去方向。

「胡亂」

在這段期間，大清國分別在一六二七年與一六三七年，兩次出兵朝鮮。對朝鮮而言，大清國這兩次出兵給朝鮮帶來的災難，絕對不亞於上一個世紀末期的豐臣秀吉出兵朝鮮。豐臣秀吉也是兩次出兵朝鮮。豐臣秀吉出兵朝鮮被稱為「倭亂」，大清國出兵朝鮮則被稱為「胡亂」。兩者在歷史上有相當不同的意義。

「倭亂」雖然是大規模作戰，但出人意外的，卻是目的不甚明確的軍事行動。相對於「倭亂」，大清國所發動的「胡亂」對自身而言，是攸關生死的事情。因為當時的大清國處於被朝鮮與明朝夾擊的形勢，若不能解除來自南邊朝鮮半島的威脅、斬斷來自朝鮮的後顧之憂，就不能放心大膽地與大陸的明朝正式對抗。

總而言之，比起秀吉誇大妄想的「倭亂」，「胡亂」是因為實際上的需要，而展開的戰略行動。除此之外，朝鮮對明朝恭順的態度，也是大清國不能忍受的。站在大清國的立場，切斷明朝與朝鮮的關係，是勢在必行的事。

大清國主觀性的目標，就是挑戰朝鮮奉明朝為宗主國的事大關係，進而改變明朝堅持的東亞秩序體系。當然，即位為皇帝，建立大清國，出兵朝鮮的皇太極未必想到這麼多。但那是一個客觀的歷史意義。

第二次「胡亂」後，終於有了暫時的結果。清軍渡過鴨綠江，從義州進入朝鮮半島，在南漢山城包圍朝鮮國王仁祖，設受降壇，接受仁祖的降服之禮。為了永久流傳這個事蹟，現存於受降地的三田渡碑上便記載了這件事。

皇太極要求朝鮮與明朝斷絕關係，然後以大清為宗主國，締結事大關係，包括使用的年號及一切禮儀手續，都要比照明朝的舊例。用意就是要取代明朝在朝鮮的地位，讓朝鮮把對明朝一切禮儀關係，完完全全地轉移到大清身上。

從大清國的角度來看，十年前的第一次「胡亂」已在軍事上打敗了朝鮮，朝鮮服從大清國早已是既定的事實。儘管如此，大清國仍然覺得有必要再一次遠征朝鮮。因為朝鮮並不認為自己臣服於大清，所以有必要明確讓朝鮮知道大清與朝鮮的上下關係。要求朝鮮結束與明朝的事大關係，締結和大清國的事大關係，便是這次遠征的結果。而這一次遠征的動機，是有實利性的，也發揮了破壞舊有秩序體系的作用。

若從更客觀、寬廣的角度來看，會發現接二連三發生的「倭亂」、「胡亂」，讓朝鮮半島成為東亞地政學上的重要關鍵。這是朝鮮半島的歷史宿命。朝鮮半島的左右鄰居分別是中國的遼東地方與日本列島，從十七世紀開始，這兩個鄰居的勢力都變得強大了。在這樣的情況下，半島要如何維持安定呢？這成為以後中日關係的重要問題。

竄改國書

「胡亂」結束後，皇太極向朝鮮提出的條件中，有一條是：允許朝鮮與日本維持原有的交流，但朝鮮必須把前來的日本使者帶到清廷，之後清廷也會派遣使者到日本。大清國在承認日本朝鮮關係的同時，也在警戒著日本朝鮮的舉動。

日本的德川政權確立後，朝鮮與日本恢復了往來。「倭亂」，即慶長之役後不久，一六〇五年，朝鮮的使者在伏見城晉見了德川家康、德川秀忠父子；一六〇九年，對馬的使者前往朝鮮，雙方締結了基本性與原則性的往來、貿易規定。

缺少耕地的對馬，是依靠和朝鮮的轉口貿易維生，所以希望能夠盡快恢復日本與朝鮮的交通及貿易。於是統治對馬的藩主宗氏便趁機竄改德川政權與朝鮮之間往來的國書。之所以偽造文書，目的就在於修復日本與朝鮮的關係。

朝鮮的君主是國王，有「小中華」的自我意識。朝鮮國王除了對「大中華」的中國皇帝執行臣禮外，視中國以外的國家為低於對等關係的存在。這就是當時朝鮮的外交態度。當然對日本列島的政權，也是這樣要求的。在修復雙方關係時，德川將軍的國際稱號，便成為重大的要點。在接受朝鮮要求的前提下，日本若不是以對等的「國王」稱號來撰寫國書，朝鮮是不會受理的。

相對於朝鮮，日本在足利義滿朝貢明朝以後，就有臣下不寫「國王」的先例。因為在國內有對天皇不敬之慮，對外則顯得對中華王朝過於卑躬屈膝。在這點上，日本與朝鮮有不同的立場。

對馬藩的宗氏為了掩飾這一點，便在日本與朝鮮的國書上動手腳。一旦開了頭，為了不被發現，就必須竄改更多事情，不久之後竄改國書就變成了常態。竄改的手法也非常熟練巧妙。

但無論如何，偽造文書通常伴隨著極大的風險，萬一被發現，就會造成很大的糾紛。果然，一六三五年，因為對馬藩的家老柳川調興與藩主發生對立衝突，暴露了竄改國書的事，發展成重大事件。這就是所謂的「柳川一件」。

經過此事件之後，包括貿易在內的日本朝鮮的日常往來，仍然由對馬藩負擔，但關係到君主等級的事情，則透過朝鮮通信使，直接接洽幕府。日本朝鮮的往來體制終於固定了。不過，德川幕府將軍並不使用「國王」的稱號。而是將「日本國王」的稱號改為「日本國大君」。此時大陸方面大清國建國，第二次的「胡亂」即將發生。

日本確立了「大君」的外交主體，也確定對馬藩的任務，及朝鮮派遣使節的制式化。重建之後的日本朝鮮關係，比以前更加穩固。不過，朝鮮還有與大清國的關係，若再加上與日本的關係，很可能發生糾紛，那是必須盡量避免的事態。所以朝鮮對皇太極的要求含糊其事，並沒有讓日本的使節與清朝直接連繫，只是向清朝通報了日本的情形。

此時的德川幕府也來到第三代將軍德川家光的時代，不僅沒有積極展現想與中華王朝締結關係的態度，反而更堅固了所謂「鎮國」的姿態。而朝鮮這邊只顧著朝鮮與日本的往來，並沒有做到皇太極的要求，讓日本與清朝政府直接往來。

中國併呑

大清國在出兵朝鮮的「胡亂」中取得勝利，確實獲得很大的成長，但與明朝的國力仍然有著極大的差距。光看人口就可以知道雙方的國力差別。當時的明朝有一億人口，而大清的人口不滿百萬，還不到明朝人口的百分之一，國力遠遠低於明朝。因此，儘管滿洲人勇敢剽悍，還是敵不過明朝，清軍依然無法正面突破長城的防守。

一六四三年，皇太極壯志未酬就去世，繼位者是年僅七歲的幼年皇帝順治，由皇太極的么弟睿親王多爾袞任攝政王，掌握實際的政權。大清國當時的政情未必穩定，處於看不到未來展望的辛苦局面。

但是，與大清國隔著長城的明朝，此時面對的局勢更加艱辛。自十年前陝西發生大旱災以來，民變四起，各路叛軍中數李自成的勢力最大。李自成所率領的叛軍有「流寇」之稱，極富機動性，在各地流竄，聲勢龐大。

一六四四年，李自成入西安，定國號與元號，清楚地表明與明朝對決的姿態，並揮軍目標北京，沿途幾乎沒有遇到阻攔。李自成的軍隊順利地攻陷北京，明朝就這樣滅亡了。

明朝無法鎮壓內亂的原因，與傾盡兵力於防衛清軍有關。當時站在防衛清軍前線的人，就是吳三桂。明朝朝廷在聽說「流寇」逼近京城時，便立刻下令吳三桂從前線回來防衛首都。但吳三桂還來不及回到首都，在途中就接到北京淪陷的消息，變得進退兩難。而且多爾袞所率領的清軍，就在這個時候逼近長城東端的要衝山海關了。

大清國雖然在這個時間點出兵，卻不是事先經過特別算計或有任何目的的行動。決定歷史命運的，往往是偶然。

這樣的局勢下，一個處理不好，就會形成被夾擊的局面。處於窘境的吳三桂為了討伐「流寇」，竟向敵對的多爾袞求援。對多爾袞來說，吳三桂的求援形同投降。於是多爾袞順勢吸收了吳三桂的軍力，終於突破長城的阻礙。

在清軍突然出現與攻擊下，已經占領北京的李自成敗走，多爾袞進入北京，迎接以順治為首的大清國官員進入紫禁城，接收了明朝的政權。這就是明清交替的瞬間，大清國的政權開始了。

北京的清朝政權逐一擊敗了流竄到陝西、四川的流寇，與計畫在南方再起的明朝殘存勢力。此時出力、建功最大的，就是吳三桂等降服於清朝的漢人部隊。吳三桂等人轉戰西南方，攻克貴州、雲南等地，終於完全消滅抵抗清朝的勢力。時間是一六六二年，多爾袞去世與順治皇帝駕崩，是繼順治之後的康熙皇帝的在位元年。

「三藩」與鄭氏的攻略

儘管如此，中國境內仍然存在著敵對的勢力。幫助清朝掃除抵抗勢力的吳三桂等人，變成清朝的新敵對勢力。他們都是明朝末年投降清朝的漢人軍閥，合稱為「三藩」。

清朝充分地利用了吳三桂他們，成功地取代明朝，成為君臨漢人世界的中華皇帝。清朝也因此厚待他們，封他們為藩王，讓他們擁有直屬軍隊，並且給予財政援助。然而，這樣的厚待正好讓他們培養出割據的勢力。其中最危險的就是掌握了最大軍事力量的吳三桂。

因為三藩的存在，清朝未能確立統一的權力。一六七三年，剛滿二十歲的康熙皇帝終於決意廢除三藩，此舉讓吳三桂等人舉兵反抗。這就是所謂的「三藩之亂」。

吳三桂不愧是身經百戰的老將，初戰時連戰連勝勢如破竹，但大軍後繼乏力，無力北上到湖北，老將也趨於保守，失去擊敗清朝的氣概，只有採取觀望的態度。不久後，吳三桂便去世了。而另一邊，年輕的康熙皇帝在經過幾年的對峙後，展開反擊，於一六八一年平定

「三藩之亂」。

同一個時期呼應「三藩之亂」，讓清朝吃盡苦頭的，是海上的武裝勢力——鄭氏政權。前一個世紀極為猖獗的「倭寇」，在放寬海禁後，武力侵擾沿海區域之事雖然有所平息，但並沒有完全消失。鄭氏政權就是其中的代表。

因為日本貿易而累積了龐大財富的鄭芝龍、鄭成功父子，加入占據廈門的明朝殘存勢力，持續對抗清朝。母親是日本人的鄭成功因為被賜明朝的國姓「朱」，而有「國姓爺」的名號，他也是日本近松左衛門的戲曲《國姓爺合戰》的英雄人物。

鄭成功握有東海的制海權，可以從海上發動對大陸的攻擊，曾經攻打到南京。一六六一年，鄭成功趕走占領台灣的荷蘭人，將根據地移到台灣。隔年，鄭成功去逝，子孫繼承他的基業，在台灣保有超過二十年的勢力，讓清朝政府十分棘手。在北京的清朝政府於是禁止沿海居民從事交易與漁業，強制沿海居民遷居內陸，某種程度上實施封鎖大陸的策略。

鄭氏在一六八三年時力盡，投降清朝，從此台灣歸入清朝的版圖，康熙皇帝也在不久後解除封鎖的策略，開放沿海貿易，中國人可以出海貿易，外國人也可以登陸大陸了。十七世紀末，清朝的海陸統治權都穩定了，對商業轉而採取寬容的政策，讓貿易得以順利地發展。

3 日本與清朝關係的走向

解除海禁

前一個世紀「倭寇」造成的大混亂與重建東南沿海秩序的問題，就這樣解決了。但是，在此過程中，中國與日本的關係有什麼樣的變化呢？

鄭氏政權的目的是復興明朝，但這個政權的歷史屬性，卻是與明朝敵對的「倭寇」勢力的後裔。為了對抗鄭氏政權，清朝所採用的封鎖大陸策略，則是明朝海禁的強化版。如此看來，彷彿是重現了前一個世紀的「南倭」事態。儘管朝代交替，清朝取代了明朝，但「倭寇」的情況仍然持續著。要如何結束這樣的情形呢？這就是君臨東亞的清朝所必須承擔的歷史任務了。

清朝原本與明朝不一樣，並不以海禁為國策，因為清朝是從武裝貿易集團起家，屬於

「北虜」的一派。這一點和「倭寇」的後裔——鄭氏政權相同，所以清朝允許商業貿易，本質上會採取讓商業貿易繁榮的行動。

因此，這個時期的封鎖大陸策略，是為了對抗敵對勢力而不得不採取的行動，只是暫時性的統治手段。所以，當海上的威脅消失，就沒有必要繼續施行封鎖大陸的政策，可以回到清朝原來的方向。

明代以來的海禁，就這樣解除了。不只沒有海禁，與控管商業有關的法令，也都消失。除非是政治上的需要，否則清朝不會阻撓與經濟成長有關的趨勢。

不僅不會禁止商業、經濟活動，繼承明朝、成為中國新統治者的清朝，以尊重現狀為出發點。矯正弊端會對繼承造成障礙，所以要盡量接受事物的原來樣子。占少數的滿洲人若要圓融地統治占多數的漢人，除此之外，恐怕也別無他法。

因此，明代的上下階層分離、官民不同道、民間經濟對政府權力的不信任等等現狀，清朝也原封不動地繼承。在中國，權力與政治未必要與民政相連結。

「鎖國」的內情

另一邊的日本。把同時代江戶幕府的對外政策歸結為「鎖國」，對日本人來說是不須多加說明的歷史。但是，「鎖國」的內情是什麼呢？從日本的角度來看，有一點必須探討的是：「倭寇」的現象是如何收斂的呢？

雖然叫做「鎖國」，但並不是用「鎖」把日本鎖住。「鎖國」的意思是以嚴格的手段，來管理國家的對外關係。「鎖國」主要針對的目標是基督徒，目的就是不要讓日本人基督徒化。因此，一定要根絕可能會妨礙到這個目的對外交通，所以採取了「禁止日本人出國，也不讓外國人到日本」的措施。

除了禁止對外的交通之外，也在國內掃蕩基督徒，權力統治遍及日本的各個角落。所謂的「宗門改」就是典型的權力統治政策。上下一體的社會結構助其發揮功能，而這個功能又進一步促進了結構的穩固。

受管制的對外關係當然也包括了貿易往來。但是，幕府並不打算停止與基督徒無關的純經濟性貿易，而且，經濟性貿易也不是說停就能停的，所以仍然持續著與中國的貿易。

不過，幕府還是不允許日本人出國貿易。而對曾經被「倭寇」侵擾的中國來說，日本人更是不受歡迎的客人。話雖如此，只要民間的貿易希求沒有消失，就必須同意中國商人到日本。為了防止「倭寇」再度出現，也有必要讓中國商人到日本。

在這樣的情況下，近代日本與清朝保持著疏遠而穩定的關係。從長久以來和日本有著淵源的浙江寧波來的商人，只能在長崎登陸，進行貿易。清朝政府管理這條貿易管道的機關，是浙江官府委任的商業經紀人；至於日本方面的管理單位，不用說，當然是長崎奉行。這就是日本「鎖國」與清朝貿易開放的關係。這不只反應了中日雙方的政策，更反應出彼此的社會構造完全相反。

日本型華夷

筆者使用的「鎖國」這個詞彙，現在在學界不太流行。德川時代的日本藉由蝦夷地的松前，和對馬、長崎、琉球與外界往來，用術語來說，就是「日本型華夷秩序」的展現。這個冗長的術語，與簡單的「鎖國」意義不一樣。使用這個冗長的術語有其原因。

日本與幕府視自己為「中華」，也就是世界的中心，把琉球或朝鮮等與日本有往來的外國，或蝦夷地等周圍的地域，視為「外夷」。這樣的「華夷」意識當然只是幕府單方面的定義，而且是仿照中國原創的「華夷秩序」，所以必須加上「日本型」等字樣來指稱。也有人認為使用「秩序」二字並不十分適當。

先不論名稱，來確認一下當時的實際情況吧！對馬的宗氏與朝鮮平常就有往來，朝鮮和日本還有不定期地派遣通信使晉見「大君」德川將軍的關係。這些都是前面已經敘述過的歷史事實。至於琉球，一六〇九年，薩摩藩征服琉球，琉球事實上就已是日本的從屬國。但是，不管幕府還是薩摩藩，都把琉球定位為異國，以琉球為對中國貿易、取得中國情報的窗口，接受琉球的派遣使節。在西洋各國方面，荷蘭是唯一能與日本進行貿易的西方國家，但也和朝鮮、琉球一樣，被定位為「外夷」，日本視那些國家的派遣使節為「朝貢使」。「日本型」的華夷秩序就此成立。

對中國，日本以「日出處天子」自居，存在著與中國對等的自我意識。到了十七世紀，隨著日本的富強與權力的穩固，「日本型華夷」的意識就更加強烈。一心想要「入唐」而出兵朝鮮的豐臣秀吉，應該可以說是「日本型華夷」意識的先驅吧？這樣的意識也受到明、清交替的影響。

互不干擾的日清關係

從後世的眼光來看，明、清交替絕對是歷史性的大事件。但在當時，除了是大事件外，還是一個大衝擊。在那個時代的儒家觀念裡，身為「中華」的明朝亡國，而「外夷」滿洲族竟然君臨天下。也就是「夷」取代了「華」，顛覆了既有的秩序。

這是不應該發生的事情。一旦發生，就會會對東亞的漢語世界帶來莫大的思想衝擊。華變成夷。或者說外夷變成中華。這個事實與思想，讓「外夷」之一的日本，把自己推到「中華」的位置上。

至此，日本與清朝的關係，就變成問題了。清朝既然繼承了明朝的正統，當然自許為中華。中華代表著世界的中心，是君臨天下獨一無二的存在。如果日本和清朝都不想讓出「中華」的位置，那麼雙方勢必發生衝突。一方是比前一個朝代更具務實感的清朝政權，另一方是日本的德川幕府。考量到各自國內的情勢尚不安定，誰也沒有輕舉妄動地挑起爭端。在這樣的各自自制下，雙方在政治上有意地漠視彼此的存在。

清朝繼承明朝，理所當然地視朝鮮、琉球為朝貢國，所以絕對有機會接觸到與朝鮮、琉球往來頻繁的日本。但是，朝鮮為了保有獨立的對日關係，所以在對清關係中隔離了日本。從屬於薩摩藩的琉球也一樣，在維持與清朝關係的同時，隱瞞了與另一方的關係。日本與清朝應該都心知肚明，卻保持沉默不說破。曾經動亂不斷的朝鮮半島與東海沿岸，因為清朝與日本的自制與互不干擾，而平靜無事。

就這樣，日清之間在沒有官方政治往來的情況下，只有商人能直接登陸長崎，進入日本的土地。可以說雙方只是純粹的貿易經濟關係。那麼，這樣的關係是怎麼來的呢？這與各種經濟景況和經濟結構，及其變遷有關。就以此為焦點，進入下一個世紀吧！

4 十八世紀——日本通貨緊縮的不景氣與停滯

進入不景氣的時代

日本列島的大開發趨勢，一直持續到一六六〇年代的德川家綱將軍時代。那時城市與鄉鎮開始發展，在多方面的開發下，經濟成長表裡如一，生產量擴大，景氣一路上升。人口也在此一時期急遽攀升，從一千萬人口增加到三千萬，幾乎是三倍的成長。然而，這樣的趨勢在江戶幕府成立約半世紀後，就畫下休止符，無法永續。

另外，這個時期也出現金銀礦開採、輸送並行的現象。自戰國時代以來，開採金銀礦就持續好景，這也是從前「倭寇」的原動力。但是，自一六六〇年代後半期起，開採銀礦與出口白銀到中國的量銳減，到了一六八〇年代就幾乎沒有了。

這是極為單純的物質因素造成的，因為物質的量是有限的。當時的技術水準可以開發的耕地都開發了，沒有未開發地了；可以開採的貴金屬也開採殆盡，礦產資源乾涸了。如此而已。曾經蓬勃發展的土木工程熱潮消退了，曾經大量金銀輸出的情形減少了，並且限制輸出。

不可忽略的是：這種現象與「倭寇」之後，日本人不再出海發展的形勢與步調一致。「鎖國」政策並非單純權力管制的結果。

即使如此，列島上的好景氣依然持續著。因為這個時期興起活躍的商業資本活動，刺激著景氣。

列島的大開發，導致生產力提高，基礎建設也在進行，大量的剩餘產物被商品化，社會明顯地出現商業化的面相，巨商大賈輩出。紀文、奈良茂成了奢華的代名詞，還有展現出企業家精神的越後屋三井高利，都是那個時代的典型風雲人物。

但是，這樣的好景氣也在一六八〇年代結束了。也就是說，從德川第五代將軍綱吉的元祿時代，景氣轉為停滯不前，到了十八世紀的享保年間，景氣更是明顯下滑。社會經濟出現了與上一個世紀截然不同的局面。十八世紀的日本政府面臨不得不處理這種局面的課題。

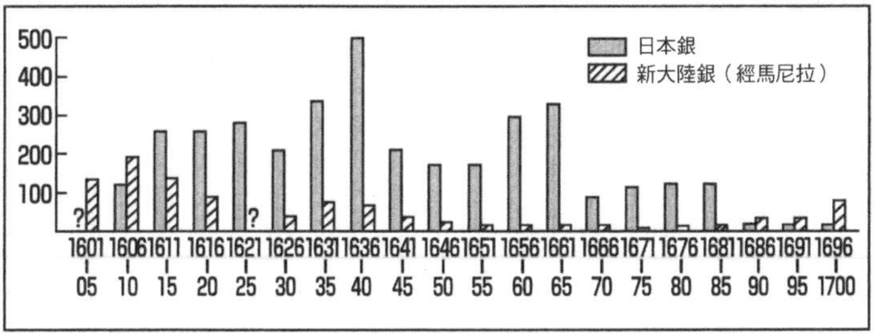

從日本、菲律賓輸入中國的銀量推估日本銀

「米將軍」與通貨緊縮

承擔起這個課題的人物，就是八代將軍德川吉宗。他最有名的政策就是「享保改革」。「享保改革」也是三百年江戶時代的轉折點。政治是如何面對列島的社會經濟大改變的呢？可以從政績上看得出來。

推崇樸實儉約的吉宗，是親身體驗了經濟不景氣與財政窘迫的人物。雖然貴為將軍，但他總是穿棉布的外褂與褲裙，過著一餐三菜一湯的飲食生活，充分表現出當代的政策思想。他杜絕沒有必要的支出與浪費，致力於增加生產與收入的政策。

在採用「石高制」（譯注：從前日本用以表示土地生產力的一種制度，舉凡稅貢、勞務、軍役等對政府的義務皆依據石高的多寡來課徵。）的期間，官方財政也以米計價，要增加稅收時，最容易讓人明白的方式就是增產稻米，與增加稻米的徵收。但其實這是個失敗的政策。因為當時的經濟景況未必與生產不足或缺乏物資有關。所以吉宗的競爭對手尾張宗春便嘲笑吉宗小氣，這也並非沒有道理。

吉宗有一個綽號叫做「米將軍」，他總在為了抑制米價下跌而苦惱。因為米是財政收支的基本單位，也是武士們俸祿的單位，米價下跌的問題比任何問題都需要更快解決。

日本經濟確實因為通貨緊縮而衰退。但是若說包括稻米在內的所有物產價格都崩落了，倒也未必！應該只是稻米生產過剩，導致米價突然下跌。當時的史料上，頻頻出現「米賤諸色貴」的記載。

以前的日本農業以生產米、麥等糧食穀類為主，甚至限制只能種植穀類糧食，被稱為「諸色」的其他農作物並不多，而且也缺乏把農產品製成加工食品的技術。商品產量的需求與供給失衡，是造成物價不平衡的原因。

當時的經濟景況，與金銀減產有很大的關係。因為金銀減產了，隨著海外貿易減少，國內貨幣不足，於是釀成了通貨緊縮的情況。吉宗政權沒有發覺這種情況，就著手進行改革。

田沼的貨幣改鑄

同樣的對策，在綱吉時代的荻原重秀就已經做過了。那就是元祿的貨幣改鑄，利用降低金小判的黃金成色，但不改金小判面額的措施，創作出改鑄收益，以此豐厚財政，增加市場的通貨量，達到刺激市場景氣的目的。

但是後來新井白石中斷了這個政策。新井白石恢復金小判的黃金成色，使得通貨量減少，加速了通貨緊縮。後來吉宗雖然罷免了白石，卻沒有動手處理貨幣政策。也就是說，吉宗在通貨量減少的情況下，還獎勵百姓增產稻米。說起來，他本人也是造成米價下跌的原因。

吉宗政權進行了通貨流通的規制與推動擴大消費等等手段，在一再試行錯誤後，終於踏上改鑄貨幣之路。時值享保年與元文年交接之際。而完成這個改革的人，是田沼意次。

田沼意次改鑄的貨幣叫做「南鐐二朱」。當時的黃金計重採用四進法，一枚是「二朱」，兩枚就是一分，八枚就是四分，可以交換一兩的小判（譯注：日本幕府時代黃金的重量單位是有「兩」、「分」、「朱」之分，一兩＝四分、一分＝四朱）。但是，「南鐐二朱」是銀鑄的。銀遠比金便宜，而且可以大量鑄造。

經過田沼意次的貨幣改鑄，官方在增加財政收入的同時，也增加了貨幣量並引發通貨膨脹。這是和以前的荻原一樣，把改鑄貨幣和確保財源與放寬金融綁在一起的政策。這個政策收到很大的成果，所以後世也會模仿使用。

德川幕府末期的天保一分銀，是最高額的貨幣。天保一分銀的價值概念與南鐐二朱一樣，把它的金銀比價拿來和世界的一般金銀匯兌做比較，是一比五與一比十六，天保一分銀的價值是一般的三倍以上。面額價值遠遠高於貨幣原料的價值，可以說是和紙幣相同性質的貨幣。

這樣的貨幣能夠普遍流通的原因，首先便是幕府擁有貨幣的獨家鑄造權，及難以偽造的鑄造技術。然而，這樣的管理貨幣條件並不十分足夠。

內聚的日本

貨幣流通的地方成為問題點。當時的日本是開發中國家，除了貴金屬以外，缺乏對海外有吸引力的輸出品。金或銀開採完了，就開採銅礦；如果這些都開採殆盡了，就只能用稱為「乾貨」的乾海參、乾鮑魚、乾魚翅等海產，來代替貴金屬的輸出。但是，輸出「乾貨」

所得到的利潤，當然不能和十七世紀輸出金銀時相比。所以不可能依賴從海外輸入足夠的物資。

中國大量輸入到日本的蠶絲、茶葉、棉布和砂糖等等，都是典型的農作產物。這些東西自進入十八世紀後，就不再是奢侈品了。從社會上層人士到下層小老百姓的衣食型態改變，那些東西已成為生活中不可缺少的物資。而重要的生活物資要完全靠從海外輸入，是很困難的。

因此，吉宗治世後，農作物產有很明顯的改變，從以糧食為主的穀類，改變為依地域特性而生產的特產品。輸入的產品國產化，也就是說，國產品代替了輸入品。

從這個時期起，以前必須向中國購買的蠶絲、茶葉、棉布和砂糖等等物資，日本的生產量也開始增加，逐漸變得可以自給自足。此外，日本也開始栽種原產自新大陸的甘藷、菸草。

吉宗的治世是一個轉折期，他獎勵適地適產的政策，也具有象徵性的意義。吉宗進行了全國性的物產調查，以調查的結果來支持代替輸入。《諸國產物帳》這個史料，至今還能告訴我們適地適產的步驟。

由於特產品的產地原本就比較偏遠，所以一開始就是經濟作物，有分配、交換的必要，自然就會帶動交通運輸與商業的發達。而且，既然是「鎖國」，就幾乎不用考慮銷售國外的通路，只要考慮日本列島的市場就可以了。於是日本國內的物流通路變得非常發達。日本列島的各區域分業發展，但發達的物流通路把列島連結為一體。

這樣的國內通路與權力者也有很深的關係。當時的幕府和各藩國都是靠徵收米與賣米來維持財政。幕府也對發達的流通機構進行管理統治，與之結成伙伴，進行合作。也就是說，官民密切合作的市場經濟，在此時期已然形成。

在這樣的基礎上，還有前面提到的貨幣政策、通貨管理。雖然幕府發行的貨幣信任度很高，但在全國規模的流通網絡已經成立的情況下，足以讓物價上漲的條件可以說已經具備。因為與海外的貿易非常之少，不會受到外幣匯率影響的純列島市場體系、貨幣體系就這樣形成。

不管在空間還是社會，十八世紀的日本就是一個內聚型、一體化的國家。這樣的結構也成為日本進入下一個時代的前提。

5 十八世紀——中國通貨膨脹的好景氣與擴大貿易

從不景氣走向好景氣

和日本德川吉宗將軍差不多同一時期的中國皇帝是康熙皇帝，兩位都被稱為一代英主明君，他們的性格也有很多相似之處，都是優秀的武將，並且生活儉樸。中國與日本同時出現了好的領導者，但是，同在十八世紀初這個時間，他們的境遇卻相當的不同。

吉宗陷於通貨緊縮的困境時期，相當於中國康熙皇帝在位的後半期，當時的日本景氣已經觸底，正要往上爬升。可以說一個正要從峰頂往下走，一個正要從谷底往上爬，經濟景況正好相反。這個差異顯示出日本與中國的整體性不同，是日後各自走上不同結果的十字路口。

康熙皇帝在位時間很長，和日本的昭和天皇一樣，有六十一年之久。而這六十一年的中間點，可以說是中國經濟景氣出現變化的轉折點。

一六六〇年康熙即位時，正是日本大開發時代即將結束之際。此時的中國正處於通貨緊縮的局面，社會陷入不景氣的困境之中。用一句話來說明，就是「穀賤傷農」。

在同一個時期裡中日動向相反，絕非偶然，也不是毫無關係。就像前面所述，自一六六〇年起，日本的貴金屬資源逐漸枯竭，於是斷了出口貴金屬到中國的貿易。

而這個時期的清朝為了對付鄭氏政權的海上勢力，斷然實施了禁止海上貿易、封鎖大陸的政策。康熙時期通貨緊縮的不景氣，可以說是受到了這樣的政治措施的影響。但是，客觀地說，日本貿易衰微、斷絕了銀的供給，才是康熙時期通貨緊縮的更大因素！

自明代以來，對中國來說，日本是最重要的貿易對象。原因在於日本是銀的供應國。不久後，中日之間的貿易情況改變，日本的輸出品從銀轉換為銅，以應付中國鑄造銅錢的需求。雖然雙方之間仍然有貿易往來，但已經失去以前的活絡與重要性。

在這段期間，中國發生了「三藩之亂」，中國光是處理軍事的問題就已手忙腳亂。至於中國解除封鎖大陸，是鄭氏政權投降清朝，終於結束軍事行動的一六八四年。這也是經濟景氣發生變化的關鍵年。

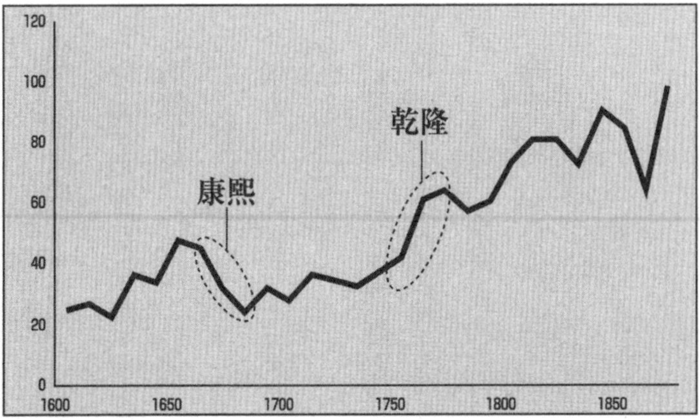

中國的米價變動

相對於一百公升米的銀價。表示十年平均數值「康熙通貨緊縮～乾隆通貨膨脹」。

從解除禁令、重新開放官方貿易的舉措看來，中國已經擺脫通貨緊縮的不景氣了。不僅如此，之後更走向空前好景氣的通貨膨脹。

清朝的置之不理

那是為什麼呢？日本和清朝的通貨緊縮原因類似，都是因為貴金屬枯竭，貨幣供應不足。應該說雙方在同一個時期面臨了相同的課題吧？

日本靠著幕府的權力，進行貨幣改鑄與通貨管理，去解決問題，同時形成了列島的自給自足式地域分工與流通市場。日本幾乎完全脫離與外國的關聯，不論是在空間上還是社會上，都自成一體，建立了統一的構造。相對於日本，清朝卻完全沒有實行類似的政策或動向。

中國經過十六世紀的大航海時代，已經是一個高度商業化的社會了。所以應該注意的是：關於銀錠錢的使用，就如「北虜南倭」衝突時所見，民間社會使用銀錠錢的商業化行為已經脫離政府權力，或以反抗政府權力的形式來進行。通貨的流動、人的流動，都脫離了權力的統治，自由而活化。這是在明朝就已經確定的型態。在衰退的明朝權力下，社會經濟仍然非常活躍地流動著。

如果沒有管控好這樣的型態，就會危及統治與社會秩序，清朝政府也很明白。所以朝廷盡量不去妨礙社會的流動，並且為了避免引起治安惡化，也不介入民間的經濟活動。說得不好聽，清朝對民間的經濟活動可以說是置之不理。

沒有限制人們職業或行動的法令制度，也不逐一個別指定徵稅與納稅的負擔者，從流通過程中，只能盡量針對大戶徵稅。農業的徵稅對象是身為土地所有者的大地主，商業的徵稅對象也只針對大批發商。政府當局正式掌握的只有這些。那些做小工匠、小買賣的人，可以說完全被政府當局置之不理。

和官民之間關係緊密，有著封鎖性內聚力的日本相較，清朝的情形完全不一樣。清朝的官民各行其是，擁有開放的流動性。這是中國的特徵。

在對外方面，這樣的特徵當然也沒有改變。從解除大陸封鎖以後，阻擋民間前往國外、與國外進行交易的障礙消失了。雖然還有防止擾亂治安的規定與禁令，但其中並沒有包含管理經濟的意味。還有，當局也把執行規定與禁令的工作，大致上委託給當局可以掌握的業者。

在這種情況下，明代以來的貿易結構，也就是中國物產的輸出與貴金屬的輸入，在十八世紀不斷地擴大。但是，來自日本列島的銀沒有了。這意味著：如果要回復景氣的話，就要找到可以取代日本，提供更多銀的供應國。那就是歐洲諸國。

擴大貿易

當然，那時中國的貿易對象不是只有日本。其中東南亞與印度尤其重要，中國與泰國有輸入米穀輸出手工業產品的交易往來，與印度有輸入棉花輸出砂糖的貿易關係。總之，貴金屬之外，還有很多地區也提供給中國所需的物產。

不僅是葡萄牙、荷蘭的商人，從這個時候開始，西方諸國的商人也重新加入，成為中國的貿易對象。十七世紀末，清朝開放了海外貿易，西方商人來到廣州，進行正式的交易活動。十八世紀初的交易量還不大，但到了後半期，交易量就擴大到世紀初的四十倍，以後仍然繼續擴大增加。這樣的成長速度，即使用「飛躍性的成長」來形容，也不為過。

交易的主要商品當然還是中國的特產品。除了自古以來就深受喜愛的蠶絲、陶瓷器外，茶成為最重要的商品。但是西方國家不像東南亞國家那樣，可以給中國所要的產品，只好把銀當作等價的商品來交換中國的物產。

這裡要特別注意的是英國。那時的英國正值工業革命，喝茶成了日常生活的一部分，茶葉的消耗量也因此變得非常龐大。然而英國能夠輸出的產品是毛織品，在中國幾乎賣不出去，所以英國只好以大量的銀為代價，向中國購買茶葉。

讓中國擺脫通貨緊縮，景氣好轉的，就是貿易發達與銀的流入。十八世紀後半期起，物價上升，出現了前所未有的好景氣。中國因為這個好景氣的通貨膨脹，財力飛躍性地成長了。這個時候正是康熙皇帝的孫子——乾隆皇帝治世的後半期。清朝的黃金時代「乾隆盛世」，就這樣出現了。

膨脹的中國

中國在好景氣中，人口也爆炸性地增加。十八世紀初期，中國有一億人口，進入十九世紀後，暴增至超過四億人口。龐大的貨幣供給喚起需求，在這個刺激下增加生產，是毫無疑問的事。因為要養活更多的人。這是比例的趨勢。

同時期的日本因開發耕地，生產已經到達極限，因此頻頻發生饑荒。在狹小的耕地上盡可能地投入肥料與人力，在提高生產的同時，也出現了拉長生小孩的間隔與墮胎等自發性調整人口數量的現象。整個十八世紀裡，日本列島的人口並未有太大的起伏，一直都在三千萬左右，人口的成長趨於平緩，與中國形成對比。

中國幅員廣大，有很多剩餘的土地可供生產與人口成長無關。但只靠著已經開發的耕地與作物，根本不可能養活激增的人口。於是剩餘的土地上出現了遷移者前來開墾。

從已經開發的土地出走的人們，前往還未開發的江西、湖北、湖南、四川的山地，在那裡建造了簡陋的小屋，開始生活。前面提到的日本事例中，也有這類的遷移，和種植原產於新大陸的外來作物，有很大的關係。菸草、甘藷、玉米等作物，便因此普及。

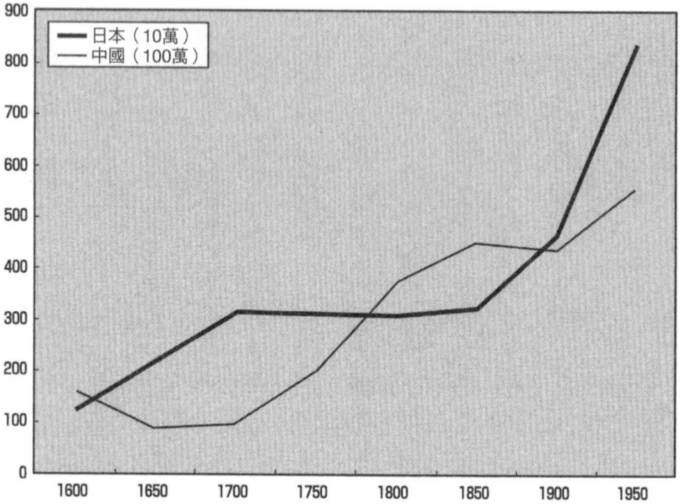

中日的人口動態

（出處）講談社2011年出版，岡本隆司的《中國「反日」的源流》

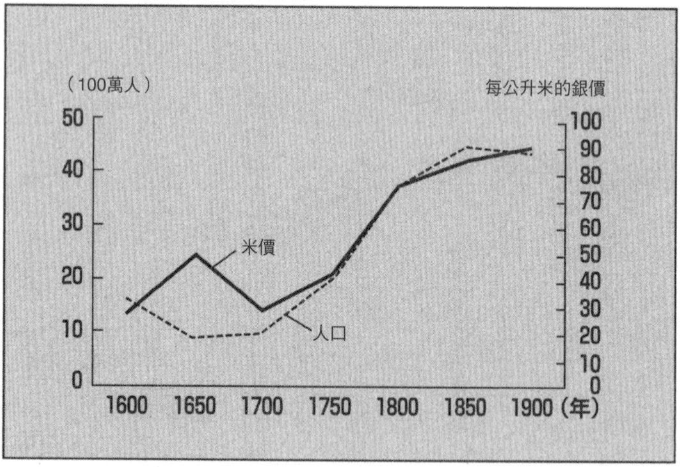

中國人口與米價的變動。每五十年的概況。

米價是前十年的平均價。

（出處）岩波新書2011年出版，岡本隆司的《李鴻章》

菸草、甘藷、玉米等都是在斜坡地也能種植的作物，後二者更是可以代替雜糧穀物的救荒作物。開採山林生產木材、木炭，或是改變耕地，種植菸草等經濟作物之外，也以甘藷、玉米為食。換言之，貧窮的大量遷移民，正是支撐這個時期的開發與人口激增，在量方面擴大中國社會經濟的因素。

遷移的人口不只在中國境內遷移。在原居住地無法生存而出走他鄉的人，有的遷往北方人口稀少的森林地帶或草原地帶，有的遷往南方，甚至渡海遠遷到東南亞，更甚者還遷移到南北美洲。世界各國的華僑、華人，就是這麼來的。對移民而言，原本就沒有國內外之分，而這也可以看作是一個典型的案例，表現出中國社會富有流動性的特徵。

第四章

世界秩序的轉變——十九世紀

1 近代前夕的世態

「朝貢」與「互市」

從十七世紀末開始，看似穩定，實則疏遠的日清關係，經過十八世紀後，愈發疏遠了。首先，在政治上，雙方的想法愈來愈偏離，即使是一直持續著的貿易關係，也逐漸淡薄了。不過，就在這樣的關係下，雙方倒也安然過了兩百年。

這段期間，中國與日本各自形成了相互對照的政治、經濟、社會結構。官民一體與官民不同道、封閉與開放、內聚與流動、固定與膨脹，彼此不同的性質，讓關係變得疏遠而隔絕。這樣的關係，讓原本就不同性質的雙方，更加難以了解。這就是下一個時代——十九世紀之後中日關係顯得特別與眾不同的原因。

確實，中日之間沒有政治上的往來，經濟上的關係也愈來愈淡薄了。不過，儘管如此，雙方並非完全沒關係。

中國與日本之間的距離狹窄，儘管關係疏遠，仍然存在著連繫人與貨品的窗口。雙方都從那些窗口，注意到了彼此。

那樣的關係——或者說那樣的變遷，是什麼樣子的呢？當時整體的對外關係，是不能隨意看看就好的。首先來看中國。

清朝的對外關係稱為「朝貢體系」。很多學者認為這個體系能保障交易與和平，是理想的秩序體系。但是，這是無視當時無止境的限制、紛爭的現實狀態，而虛構出來的解釋。而且，稱得上是「體系」的統一、體制的法令，並不存在。還不如用「朝貢」與「互市」搭配，來表現當時的貿易關係，更為恰當。

如前面所說，清朝採取的是置之不理、不干涉的政策方針。看到現狀不佳也不去改變，不會出手去管理或整治。在對外關係上也是如此。「朝貢」與「互市」是根據大航海時代以後，清朝所能容忍的作法，整理出來的。

「朝貢」是與外國政府間的正式禮儀往來。其具體的手續與前代沒有太大差異，只要沒有妨礙，就繼續接受明朝以來與外國的關係。因此，朝鮮、琉球、越南等國在清朝取代明朝後，仍然和以前一樣，繼續維持與中國的朝貢關係。

但是，清朝並未像明朝一樣，把所有與外國往來、交流的事情全由「朝貢」做代表。明朝就是因為那樣，讓大部分的貿易活動變成走私，結果陷入「倭寇」的亂象，造成治安惡化，社會動蕩不安。

清朝有鑑於此，並不強迫無意「朝貢」的國家或團體，即使沒有政府間的正式往來，也允許商人之間單純的貿易關係。商人們出入港口、市場，只是單純地進行交易，這叫做「互市」。中央政府原則上不會關心那樣的交易行為。商人的交易行為受當地地方官管轄，官府設最低限度的規章制度進行管理，實務則大致委任給主要的商人。

日本與西方諸國都被納入「互市」的範疇之內。相對於西方國家的商人到中國交易，日本的情形正好相反，主要是中國的商人到日本長崎從事交易。方式雖然不同，但政府之間互不往來這一點，卻是一樣的。

漢語化的日本社會

這個時代也是日本的「鎖國」時代，當時日本的對外關係就如前面所述，在此不再做詳細說明，只敘述其中顯現出來的現象。

我想暫且把那種現象稱為日本的漢語化。不用時下流行的「中國化」來稱呼的原因，是基於那種現象的內容太模糊不清，怕引起誤導。日本的社會要完全成為過去的或同時代的中國的模樣，可以說是從來沒有的事。

這個時候的日本社會和中國社會的體質，依舊是完全不同的，相互對照的。社會的體質不同與接受影響，未必是矛盾的事情。而接受影響也不等於被同化。在這一點上，日本和政治制度或社會結構與中國有明顯共通性的朝鮮半島不同。

客觀地看，日本少有像「鎖國」的江戶時代那樣，受到中國那麼大影響的時期。蠶絲、茶、陶瓷器、棉布等等原本是中國傳來的奢侈品，卻在那個時代變成日本國產的日常用品。那是日本與中國的經濟關係變得疏遠、淡化了，而引起的現象，所以，與其說那是「中國化」，不如說是「把中國物產本土化、日本化」，還比較恰當。儒學的普及，與隨之而來的文學、藝術與社交活動的建立，是日本攝取中國文物的典型例子。受到中國的影響與中日關係的淡化，果然是並行的。

在此之前，日本也接受中國文化的影響，例如律令與佛教。但是，來自中國的文化最初都只是上層階級人士的專有物，一直沒有普及到整個日本。直到律令廢除了，被武家政治取代，佛教在經過神、佛折衷的在地化後，才開始浸透到下層階級的社會。

儒教也一樣。宋朝的朱子學很早就傳到日本，但是知道朱子學的人卻只有極少數的貴族官家。只有上層階級人士才能享有的中國文化，經過「下剋上」與十七世紀，終於普及到民間，並逐漸落實了。

日本人在那百年間，很認真地咀嚼、消化中國文化。在學術方面，日本代表宋學、朱子學的水戶學的考究水準，已經不亞於當時中國最領先的考證學。在政治方面，綱吉時代開啟典型的文治政治。日本的精英分子首先必須學會的，就是漢字。到了十八世紀，除了僧侶、武士之外，在民間、商人之中，也有不少第一流的知識分子，例如伊藤仁齋、東涯親子、山片蟠桃等等，都是那個時代的知名之士。而中國風的詩文、繪畫往來，就是他們的社交活動。

不只如此。進入高度漢學的入門初等教育，藉由各地的藩校、私塾、寺子屋，庶民子弟也能去學習了。不懂漢文、漢字的話，就無法學習漢學。雖然一流知識分子未必能跨進學者的領域，但確實很多日本人因為要懂漢語，以及運用漢語而接受教育。

要接受初等教育，就必須有錢有時間。貧窮的人必須把時間都用在工作上，沒有餘力接受教育。有很多人可以接受教育，表示當時的社會已經有支撐教育需求的財力。

如果擴大範圍去看，意識到並了解了中國學術與文化的人，除了統治階層與知識分子外，到底有多少人呢？不知道儒學、詩文等中國文化精髓，也沒有意識到那是中國文化的人，應該占大多數吧！不管在寺子屋裡讀了多少四書五經，背了多少四書五經，那些經書裡所說的教義，都不是容易了解的內容，而且也很難反映出中國的實態與觀念。

日本人確實學會了漢字、漢語。透過了解和使用漢語，人民獲得了各種必要的知識，知識的水平因此提高了。這當然也是受到中國的影響。特意說這是「漢語化」而不說是「中國化」，就是為了讓人注意到這一點。

漢語化社會的「脫中」

這樣的「漢語化」當然不是「中國化」。日本社會很快地就對用漢語學習到的漢學感到排斥。雖然對中國文化存在著一定程度的敬意，卻無法全面信賴中國文化。

這種反應在自然科學方面尤其明顯。吉宗的治世，是一個劃時代成就。吉宗之前的綱吉、家宣時代，是以朱子學為本的文治政治時代，相對於此，繼承他們的吉宗什麼事都要求實用。農政方面，吉宗鼓勵開發新農田，要求適地適產，重視實地的調查結果，是數理工學性的實用主義者。因此，吉宗同時獎勵偏重人文、文藝的儒學與更適合實用的蘭學（西洋科學），更觀察蘭學日後的發展。十八世紀後半《解體新書》的翻譯出版，顯示了重視蘭學現象的高峰。當時的西洋科學不僅醫學發達，地理學、天文學也很發達，地動說的天體運行論也很流行。

擴大自然科學的知識對實用之學有很大的影響，甚至可以說是無遠弗屆。其中的地理學更與政治有極大的關係。工藤平助的《赤蝦夷風說考》、林子平的《海國兵談》，都是在這個時期問世的作品。介紹俄羅斯國情與敘述海防必要性的著作，帶動了蝦夷地的調查與庫頁島千島群島的勘探。

一旦和政治有了關聯，就會常常因為政情變化而觸及禁忌，變成被打壓的對象。這是無法避免的情況，尤其是在「鎖國」時代。西博德事件與蠻社之獄都是著名的事件。

就這樣，十八世紀曾經擴大、普及的蘭學，暫時停滯了。但是，以前培養出來的知識與觀點的根基，已經穩固，並成為啟動幕末的前提。

不管是漢學還是蘭學，都是外來的學問，都是用外國語言來表達的學問，所以一定要經過翻譯才能被理解。而翻譯工作本身，就是一種學問的研究。要理解漢學，就要在漢籍經典上加訓點與注解，但蘭學不一樣。杉田玄白等人翻譯的《解體新書》非常有名，而且具有象徵性的意義。

用外國語言來表達的學問裡，全部是外國的事物。以前的日本人不把中國視為外國，長久以來的傳統都是漢文才是文學，只有漢學才是學問。至於日本與日本人，當然也不會出現在用外國語言表達的學問裡。

消化了漢學與蘭學，掌握了做學問的方法，接下來當然就是要提高學習自己本國文化歷史的趨勢。日本國學的集大成者本居宣長，正是日本人知性成熟的成果。

這是與以中國思維的漢學、中華意識、中國至上主義為前提的儒學的對立。選擇蘭學進行研究，就已經表現出對漢學、對中國不滿的意思，到了日本國學的出現，就帶有批判中國的意味了。從本居宣長直呼孔子、孟子之名，平田篤胤說中國的偉人只有孔子與諸葛亮等事，就可以明白排儒脫中的態度了。

但是，不管是日本國學還是西洋的蘭學，能妥善傳達思想的方法，還是只有漢語。反之，正是因為漢語化提高了日本人的知性水平，日本人才能實踐蘭學與日本國學。然而漢語化的日本社會的舵，轉到脫離中國文化影響的方向了。「黑船」就在這個時候出現了。

2 接受「西洋的衝擊」

開國——日本型華夷的破滅

德川幕府時代的日本是「鎖國」的日本，但當時的日本也不是完全隔絕外界，日本人也不是對外界漠不關心。且不說學習漢學與蘭學的知識分子，即使國內太平無事，幕府的行政者也不能什麼事都不做，必須忙於取締基督徒、嚴格限制國內與海外的交流，以及時時注意外界的各種消息。幕府為此建立了有系統地收集海外情報的管道。

那就是「唐船風說書」、「荷蘭風說書」。前者收集自在長崎上岸，以商業為目的中國商船所帶來的海外情勢消息；後者的情報來源是長崎出島的荷蘭商館，以歐洲的政治情勢為主要內容。

此外，幕府也有機會從外國使節那裡得到海外的情報。十八世紀的荷蘭商館館長每年都要前往江戶拜謁幕府將軍；琉球也會派遣慶賀使祝賀將軍就任，前後多達十八回。

累積了這些情報後，日本的對外態度慢慢改變。最後終於顛覆了「日本型華夷」的世界觀與對外姿態。

如前所述，日本把自己放在與中國並立的位置上，視自身與外國為「華夷」，並且想建立那樣的世界秩序。很幸運的，這樣的「華夷」想法穩固地維持了兩百多年沒有瓦解。當時的社會盛行學習漢籍、漢語化，也助長了這樣的想法。

正因為如此，在「黑船」事件發生的幕末時期，日本刮起了「攘夷」之風。「攘夷」是以宋學「尊王攘夷」為本的觀念與行動，而這個行動的中心人物，則是囫圇吞棗漢學教義的志士。不過，執政者對於「攘夷」，則是站在抑制的立場。幕府因為了解海外的情況，所以做了打壓「攘夷」的判斷，妥善地應付了來自以「黑船」為首的歐美列強的壓力。這樣的史實已經成為常識。

況且，日本並沒有貫徹「尊皇攘夷」的行動。不久後，日本的對外政策從「鎖國」轉變為「開國」，落實了有海外情報來源的幕府的方針。如此一來，支撐「日本型華夷」的體制，也就不得不跟著改變。「西洋的衝擊」確實發揮了衝擊的作用，「明治國家」便因此誕生了。

日本的「華夷」觀念到底是「日本型」的，只著眼於亞洲，所以不能永續。這不僅是政府受到海外情報的影響所致，與亞洲完全不同世界觀的蘭學普及，和日本國學興起的自尊意識，在在讓日本人對當時國家的對外關係投以質疑的眼光。日本「脫中」的行動與「日本型華夷」的破滅及開國維新有關。

漢語化與西洋化

從此之後日本走的路不用多說也可以明白。日本終於放棄中國文化，邁向「文明開化」的西洋化之路。不過，在此不能忽略一個事實，就是這個西洋化與更深入的漢語化是並行的。

首先，日本當時得到的西洋情況與知識，是透過當時中國傳入日本的漢語書籍。例如《海國圖志》等地理書與《萬國公法》等法律書，這些有名的書籍不僅傳達了外國的情報，也提供了基本的譯文概念。

接著，有漢學素養的日本人也投入了翻譯事業。西周、福澤諭吉、箕作麟祥等人的翻譯作品，就不必在此多做說明了。最重要的是譯文的構思，漢字與漢語在此發揮了巨大的造語能力。根據大槻文彥所著的《箕作麟祥君傳》，箕作在翻譯法國的刑法時，曾經說過「用日本語表現不出來的東西，用中國語卻能表現出來」。

就這樣，在抄襲西洋事物的翻譯概念下，和製漢語出現，並且逐漸定型。特別是在對應抽象概念上，創造了很多新語彙。那是以江戶時代的漢語化社會為前提的現象，而且，若無從前的漢語化做基礎，新的和製漢語也不可能在日本社會普及。

因此，日文的漢文訓讀體發生了轉換。這個文體隨著語調的樣式化，擁有比漢字、漢語更直接、自在地控制的機能。也就是說，在頻頻使用漢語時，並不受到中國原創的漢文、典故的拘束，達到了日語的文章、日本人的思考可以脫離中國文化的效果。

隨著西洋化與文明開化的程度加深，漢語化終於有了進展。與此同時，「脫中」的速度也加快了。很快的，中日的關係也落入陰影之中。

「互市」與鴉片戰爭

清朝的情形與一再改變的日本，是正反兩面。同樣受到西洋力量的衝擊，卻沒有那麼容易發生變化。我們就按順序一一來看吧！

首先，十八世紀的中國，對外態度是開放的，並沒有「鎖國」。當時的中國不像日本那樣禁止本國人出海到他國，也不限制本國人與他國進行貿易、往來。雖然也進行管理，但都不是以控制禁止為前提或目的的管理。

那原本就是「朝貢」、「互市」框架中的事情。而且，這樣的框架與當時的政治體制、社會構造緊密連結。明白了這一點後，就可以來看看其間的變遷過程。首先出現的重大變化在「互市」之中。

十八世紀後半與中國貿易量最大的地區是西洋諸國，其中中國與英國的貿易量尤其大。一七八四年，原本超過百分之百的茶葉進口稅降低了約百分之十後，英國爆發性地大買中國茶葉。

重要的是量增加了，質卻沒有變差。英國除了對中國茶葉的需求外，也購買了許多中國的其他物產，自然也付出了等價的銀子，那些銀子流人中國各地，活化了中國的地域性經濟。說英國與中國的貿易，是中國好景氣、支撐「乾隆盛世」的原動力，也不為過。

不過，不管「互市」的量有多大，在清朝的當政者眼中，那都只是商人們的自行交易，與北京政府無關。而且，當時清朝政權的經濟觀念裡，並不認同對外貿易的價值。在好景氣中財力上升，清廷因此變得過度自信而缺乏危機意識，這是自尊意識下的奇怪中華思想。

> 天朝物產豐盈，無所不有，原不藉外夷貨物以通有無。特因天朝所產茶葉、瓷器、絲斤，為西洋各國及爾國必需之物，是以加恩體恤，在澳門開設洋行，俾得日用有資，並沾餘潤。

這是十八世紀末，清朝天子乾隆皇帝給英國國王喬治三世的敕諭中的一節。乾隆皇帝的口氣完全是上對下的態度，對中國來說，貿易是賜予外國恩惠的行為。

不只皇帝有如此的想法。中國的官僚、知識分子們，對外國的事物也抱以輕蔑的態度，並不關心。當然對於收集外國情報的意願也不高，這一點和日本完全相反。

和乾隆皇帝的言論相反，當時中國的經濟景況，毫無疑問大大地受貿易左右。回想一下十七世紀康熙時代通貨緊縮的經濟衰退及之後的復甦吧！所謂客觀情勢與主觀認知的偏離，就是這個意思。

西洋諸國當然也漸漸開始不滿清朝的姿態。不滿單向貿易，受到的待遇又不見改善的英國，在進入十九世紀後，以印度產的鴉片代替銀，把鴉片引進中國，投中國人所好，成為輸入中國的重要商品。從此，原本流入中國的銀，反而大把大把地流出了。

鴉片是麻藥，是當時中國禁止輸入的物品。能正式交易的話就交易，不能的話就變成走私，而走私會導致治安惡化。另外，鴉片上癮的人變多了，也給社會帶來嚴重的問題。只讓商人去處理規制的事情，這樣好嗎？沒有必要進行政府間的外交交涉嗎？在被限制的框架貿易體制終於成為問題的過程中，中國不改其對貿易的漫不經心。

鴉片是禁品，不能坐視不管鴉片的輸入，這也成為清朝政權的政策議論內容。然而，議論的重點只是在爭論怎麼處理鴉片，完全沒有討論到貿易與整體的對外關係。清朝政府最後下定決心要取締鴉片。一八三九年，清朝政府只取締從外國進口的鴉片，英國強烈反彈，終於演變成鴉片戰爭。

條約與攘夷

即使發生了戰爭，中國的體制還是不見太大的改變。對清朝政權而言，鴉片戰爭不過是

「互市」框架內，因為交易糾紛而引起的紛擾，認為只要平息糾紛就能解決問題。

鴉片戰爭的結果就是一八四二年清廷與英國簽訂南京條約。用日本人的觀點來看，清朝政府是被迫簽下了不平等條約。但是，當時中國清廷的觀點卻是：和英國簽約只是平息糾紛的手段。

用清朝的說法，簽約只不過是「撫夷」。「撫夷」就是「安撫外夷」，讓粗魯野蠻的夷人變得懂事。即使簽訂了條約，清朝政權仍然不改自己的對外關係，頂多只是在「互市」框架下，進行了具體程序的微修正。

中國的表現與列強的期待有著難以填補的差距。英國以為簽訂條約後，與中國貿易的新時代即將來臨，但英國沒有高興多久，就發現簽約前與簽約後，雙方貿易的質與量並沒有什麼改變，而且清朝當局的態度也是依然故我。生氣的英國於是聯合法國，再度對中國出兵，爆發了亞羅號戰爭。也就是第二次鴉片戰爭。

英法聯軍以壓倒性的武力威脅中國，強迫清朝改善關係。但是談判破裂了，一八六〇年，英法聯軍甚至占領了北京。在歐美列強的強大武力下，清朝只好簽下城下之盟，同意讓外國的外交使節長駐北京，列強獲勝了。從此，中國與外國的貿易，不再止於中國給予恩惠式的交易，而是在平等的外交談判和國際關係的基礎上，進行貿易。

但是，對中國而言，這不過是「互市」的延長與重組而已。當時這種與西洋的條約關係，通常被稱為「通商」，這是象徵性的。不管「互市」還是「通商」，字面上的意思就是貿易、交易，除此之外別無其他。對清朝來說，至少在主觀上只是如此而已，心態依然故我，並沒有改變。

和同時期的中國相較，日本正在進行明治維新，以富國強兵、殖產興業為國策，以期能與西洋對抗。在維新事業上，整個日本沒有官民之分，因為與西洋的關係是全日本人的課題。但中國卻沒有發生這樣的改革。

中國並非不存在推動富國強兵、殖產興業的事情，只是中國一直把與歐美列強的關係侷限在「互市」的框架內，所以只有「通商」地點的管轄當局在推動類似維新的事業，富國強兵、殖產興業就是西洋化、近代化，並沒有擴及中國全體與一般社會，因為那只是和西洋關係深厚的地方，和當事者有關的事情。只要超出那個區域範圍的事情，就會馬上遭到拒絕。

例如鋪設全國鐵路之事，就遇到了典型的拒絕反應。當然也有人表示應該全力促成。但是，至少在進入二十世紀前，因為反對聲浪不斷，中國一直沒有鋪設長距離的鐵道。還有，對於條約中同意的基督教傳教活動，也面臨同樣的困擾。各地一再傳出傳教受阻，教會、傳教士、教徒遭受攻擊的事件，最後還發展成外交問題。

總之，十九世紀後半，中國應該已經與歐美列強建立常態的國際關係，但卻依然待在上一個世紀的框架裡不動。「西洋的衝擊」似乎也不是大到可以讓中國改變的衝擊。

至於受到「西洋的衝擊」，甚至改變了國家政體的日本與中國的關係，將在以下章節討論。

3 相剋的開始

「鎖國」與「倭寇」

在清朝的眼中，日本和西洋諸國一樣，也是「互市」國家之一。日本與西洋諸國不同的，除了語言與距離外，還有兩點。這兩點成為以後分歧的根源。

首先，到了十八世紀，西洋諸國都在快速增加與外國的貿易活動，藉此提高自己的存在感。相較之下，日本卻在這個時候採取了「鎖國」政策，商品輸出輸入的貿易活動銳減。因此，試圖建立關係的主觀與客觀利益，在當時是截然不同的。

第二，與西洋諸國紛紛去中國做貿易的情形相比較，日本的貿易活動非常少，只有有限的中國商人能在長崎上岸，與日本進行貿易。所以對當時的中國而言，遙遠西洋諸國的模樣是清晰的，近鄰日本的相貌反而模糊不清。

反正，自古以來中國與日本的關係就是單方面的。不說很久以前的遣唐使時代，從十六世紀到十七世紀的中日貿易活動也是一樣的，日本只是輸入中國的產物，卻沒有產物輸出到中國。訊息情報的流通也一樣。透過「唐船風說書」與琉球，中國的事情傳入日本，但日本的事情卻沒有傳入中國。這也可以說是單方面貿易的狀態。日本那麼清楚中國的事情，但中國對日本的了解卻不多，質與量都不能相比。

一般知識分子對海外的關心度原本就低，而且清朝政府也沒有希望日本人到中國的想法，所以日本的「鎖國」正如中國所願。

為什麼中國不希望日本人到中國呢？自然是明代的「倭寇」之弊的關係，而且，清朝在平定鄭氏政權時，也吃了不少苦頭。萬一日本人來了，再現「倭寇」那樣的海上威脅，並且與中國沿海一帶的人串通，恐怕就會出現擾亂國境的事態。當時治理沿海一帶的地方大官，時不時便向朝廷上奏，必須注意警戒這類的事端。

從此看來，即使到了十八世紀，中國對日本與日本人，仍然抱持著十六世紀時的想法，認為日本與日本人是「倭寇」。沒有看到實際情況的日本，也幾乎不了解事實上的日本，日本也就永遠被固定在「倭寇」的形象上，於是中國一直保持著不信任感與警戒心，將日本視為軍事威脅的思考模式，已經固定了。

儘管如此，當時的日本處於「鎖國」狀態，和外界沒有實際上的接觸，所以也不會犯下什麼大問題。因此，到了江戶時代，中國與日本之間維持著和平的關係。

但是，在「西洋的衝擊」下，和平的關係變得無以為繼。直接了當地說吧！中國並沒有因為「西洋的衝擊」而改變，但日本改變了，所以中日的關係當然也會因此而改變。因為少有貿易往來，所以經濟關係冷淡，中國對日本的「倭寇」印象又根深蒂固。這些都成為日後中日關係的前提。我們就在這個前提下，繼續追蹤中日的關係吧！

中日修好條規

明治時期的日本，與以前沒有政治關係的中國，建立正式的外交關係了。在此之前，日本民間早就與中國有新的交流。日本結束「鎖國」，走向「開國」後，歐美商社在日本進行貿易時，會把在中國雇用的華人帶到日本，增加了在日本的華僑人口。此外，日本因為維新運動，政治制度變了，為了因應這個變化，當然有必要建立新的關係。

一八七〇年，明治政府派遣以柳原前光為代表的使節團到天津，交涉與中國締結條約的事宜。這原本就不是迫在眉睫的事情，也不是日本與中國之間不能避免的懸案。

對當時的日本來說，最重要的事情是與西洋諸國修改條約。但日本的想法是：若能在與西洋諸國修改條約前，先和中國朝廷建立西方式的國際關係，會更有利。而且，若能與中國合作的話，就更好了。

至於清朝方面的想法，就如同前述。不過，要與中國締結條約，必須先注意到一個重要人物。這個人就是當時中國的直隸總督兼北洋大臣李鴻章。

李鴻章正值四十八歲壯年，因為平定內亂而嶄露頭角，除了在朝廷做到高位外，還握有當時清朝最強大的軍隊——淮軍，擁有龐大的勢力。清朝的直隸總督是管理北京周圍治安的最高領導者；北洋大臣則是負責北方沿海對外關係的大官，駐在天津。

柳原前光使節團到天津時，正好是李鴻章被任命為北洋大臣，駐在天津。這是李鴻章與日本命運的邂逅。

李鴻章不僅平定內亂，也與外國進行交涉，除了是清朝的能臣，同時也是推動中國近代化的實務家。李鴻章很早就注意到日本了，他可以說是當時清朝的官場、精英知識分子中的知日人士，對日本幕府末期的維新與西洋化、近代化的成果，有很高的評價。

正因為李鴻章知日，所以對日本抱著很大的警戒之心。李鴻章曾經表示：

> 現在可以發動船艦，也可以製造榴彈砲來使用了。
> 現在的日本就是明代的倭寇。

對清朝來說，日本有新的西化成果與舊的「倭寇」形象，是一個潛在的威脅。既然有此認知，中國就一定要有一個相應的方針。日本因為是「近鄰」，又有「自強」的本事，可能成為中國軍事上的威脅，所以必不能讓日本變成向敵人。

李鴻章認為：日本既然來中國要求締結條約，那麼「籠絡日本的話，或許可以讓日本與中國站在同一條陣線上；但若拒絕日本的請求，日本一定會成為中國的敵人」。即使是暴虐無比的西洋諸國，只要遵守條約，就不會任意採取行動。所以說，正在模仿西方的日本如果締結了條約，應該就不會把前面說的威脅化為實際行動。

方針獲得清朝政府同意的李鴻章擁有卓越的談判能力。隔年七月，李鴻章與伊達宗城、柳原前光等人談判，直接駁回日方準備的草案，使用自己準備的草案。就這樣，一八七一年九月十三日，中日修好條規成立。

朝鮮是「屬國」

中國與日本的第一個條約不同於與歐美簽署的不平等條約，也沒有片面的最惠國待遇條款，但有互相承認領事裁判權等對等的條款。不過，仔細看的話，還是可以看見李鴻章與清朝隱藏的目的。

第一條中有這樣的條文。

> 兩國所屬邦土，亦各以禮相待，不可稍有侵越，俾獲永久安全。

簡單地說，這是一條互不侵犯條款。只是，「所屬邦土」的意思為何？從字面來看，就是屬於清朝、日本的國土。然而，李鴻章的意思並非如此。這個條文的起草者是李鴻章的部下，他向李鴻章表明「日本最近再次入侵朝鮮」，有「併吞」朝鮮的野心；日本若是如願併吞了朝鮮，東三省將失去防禦之壁，所以必須用條約來牽制。但清朝不便在中日修好條規上明說「朝鮮」之事，所以用籠統的文字來涵蓋。也就是說，這一條並非只是單純的友好、互不侵犯條款，而是以防範日本侵犯朝鮮等清朝勢力範圍內國家為目的的條款。

日本方面沒有看穿李鴻章的用意。一向對國際情勢不是那麼清楚的現代日本人，恐怕也不太明白這一點吧！為什麼清朝的國土裡，也包括了朝鮮呢？朝鮮並不是清朝實際管理統治的領土吧？

這是西方、近代的思考模式與用語。西化與近代化是日本明治時代的國策，現代的日本人也同樣以西方的標準來思考事物。但是，當時的中國卻不是這樣。

清朝的對外關係是「互市」與「朝貢」的組合，條約雖然有約束力，但不過是「互市」的一部分。要統一清朝的所有對外關係，是不可能的事。因為除「互市」外，清朝還有「朝貢」的對外關係。事實上，當時中國與朝鮮、琉球、越南、緬甸等周邊國家，也還保持著「朝貢」的關係。

在禮儀上，「朝貢國」對中國行「臣禮」，與中國是上下關係。上位的中國是「上國」、「上邦」，向中國朝貢的國家是「屬國」、「屬邦」。

中日修好條規的第一條「所屬邦土」的縮寫就是「屬邦」。因為「屬邦」和「屬國」是同義語，所以李鴻章等人的邏輯就可以成立了。那與日本人所想的屬國，當然在意義及內容上有所不同。不管是朝鮮還是越南，雖然是中國的朝貢國，卻都有獨自的內政與外交。中日不同意義與內容的「屬國」，就是問題所在。

中國擁有的複數「朝貢國」、「屬國」中，具有絕對重要位置的，就是靠近北京的朝鮮。朝鮮對中國的國家安全而言，占有不能忽視的地位。李鴻章所憂慮的「日本再次入侵朝鮮」，是指十六世紀末明朝時豐臣秀吉出兵朝鮮，當時明朝出兵助朝鮮，曾與秀吉的日本軍交戰。因為這樣的歷史與「倭寇」事件，中國把日本定位為對中國有軍事威脅性的國家。為了不讓日本出兵朝鮮的情況再度發生，所以要用條約來約束日本。這就是中國的中日修好條規的本質。

這是日本政府事先完全沒有想到的事情。此後，日本與清朝之間的不信任感愈來愈嚴重，頻頻出現對立的情況。而朝鮮成為對立的焦點，一切都從這裡開始。

出兵台灣

中日修好條規簽訂約兩個月後的一八七一年十一月三十日，因為海難而飄流到台灣的五十四名琉球宮古島島民，被當時稱為「生番」的原住民殺害了。於是，日本在一八七四年五月，派遣了三千六百名遠征軍在台灣南部登陸；這批日本軍於同年六月攻打「生番」的根據地。

這就是所謂的「出兵台灣」。但是，為何會有這樣的舉動呢？先從日本的立場來看。日本視琉球人為日本人，琉球人在清朝的領土上被殺害了，當然要向清朝追究責任。

但是，清朝方面的回答卻是：台灣的「生番」不在清朝的統治內，所以清朝沒有責任。清朝統治中國的方法是「盡量不去干涉社會現狀」，對台灣的統治當然也是如此。也就是說，必須負責日本人遭受傷害的國家或政府，並不存在，所以要追究責任的話，只有日本人自己去追究而已。

日本出兵台灣的事，也衝擊了清朝，在震驚之餘官方發表聲明，譴責日本，認為「日本出兵是違反條規」的行為。也就是說，日本違反了日本與清朝締結的中日修好條規，是不正當的行動。至於為什麼說那是違反條規的呢？因為日本使用武力，侵攻了清朝的「所屬邦土」。既然「朝貢國」朝鮮是「所屬邦土」，那麼台灣就更不用說了。

為了化解深化的對立，日本政府派遣大久保利通到北京，進行和談。經過兩個月漫長的艱難交涉，雙方仍舊是互不讓步。雙方的爭論點在於台灣的地位與出兵的是與非。而讓雙方僵持不下的原因，就在於國際法與中日修好條規的對立。

台灣的「生番」基本上沒有受到清朝的實質統治，按照國際法來看，並不是清朝的屬地屬民，所以日本應該不受中日修好條規的約束。這是大久保利通的主張。然而清朝完全不理會國際法，台灣既然是清朝的屬地，日本理所當然必須遵守中日修好條規。

談判之所以沒有立即決裂，是因為還沒有準備好軍備的清朝為了避免發生戰爭，而做了讓步與妥協。如此當然消除不了雙方的矛盾。日本視清朝為不依國際法行事的國家，清朝則認為日本違背條約，以武力侵犯中國屬國，在這種互不信任的情況下，自然會對對方抱持警戒心。於是掌管軍事的李鴻章以日本為目標，把日本當作假想敵，開始建設北洋海軍。

「琉球處分」——清朝的憂慮

在日本出兵台灣的講和談判上，清朝做出了台灣的「生番」加害「日本國屬民」的聲明。這等於間接承認了日本的主張與出兵台灣之事。日本於是趁此機會，加速琉球的日本內地化，讓琉球人就是日本人之事成為事實。

琉球自十五世紀建國以來就是明朝的朝貢國，也就是明朝的屬國。但十七世紀初，琉球被日本薩摩藩征服，臣屬於薩摩藩，等於也屬於日本。日本自明治維新，以成為近代化國家為目標後，逐步地將琉球實質地編入日本的版圖。

一八七二年，琉球王國改制為琉球藩，琉球國王尚泰被任命為琉球藩王。結束了出兵台灣的事件後，一八七五年明治政府派軍隊駐留那霸，廢除琉球與清朝的「朝貢」關係，並且強烈要求琉球使用明治的年號。從此，琉球不再向中國朝貢，清朝也終於在一八七七年發覺事態的變化。

日本與清朝的關係更加惡化了。清朝於隔年十月向日本提出抗議，日本政府則以清朝的抗議文件上有無禮的言詞而予以駁回，並且態度強硬地在次年的三月接收首里城，置沖繩縣。這就是所謂廢琉置縣的「琉球處分」。

日本「琉球處分」給予清朝的衝擊不亞於出兵台灣。對清朝來說，不管是出兵台灣或「琉球處分」，都是日本違反中日修好條規中「所屬邦土」條款的侵略行為。清朝對琉球原本沒有太大的依戀，但是，失去了「朝貢」國，相當於「屬國」的「滅亡」。這是清朝所憂慮的事情。

如果琉球「滅亡」了，可能會影響到同為「屬國」的朝鮮。中國當局因為有這樣的擔憂，所以一再表明互不侵犯「所屬邦土」的立場。然而憂慮的事情還是發生了，一切都與朝鮮半島有關。

不論是當時還是現在的日本人，都會認為朝鮮是不同於琉球的國家，所以對待的方式當然也不一樣。不得不說這是超越理解範圍的思考方式。

4 走上甲午戰爭的路

朝鮮的拒絕反應

中日修好條規簽訂以後，日本與清朝的關係，就是這般奇怪的相剋，呈現出西洋近代國際關係與上一個世紀以來的東亞世界秩序相互衝突的樣貌。對日本來說，清朝的「互市」與「朝貢」阻擋了自己邁入近代化國家；對清朝而言，以國際關係為後台的日本的行動，破壞了自己的世界秩序。

在這樣的情勢下，朝鮮半島成為注目的焦點。不管是從大陸方面來看還是從列島方面來看，朝鮮半島在地理和軍事上，都占據著最重要的地位。這種情勢自從白村江之戰以來，一直不變，其中與朝鮮半島瞬息萬變的宿命不無關係。至於要如何發現這一點，就是歷史的問題了。

江戶時代的日本與朝鮮有著所謂的「通信」關係。日本與朝鮮之間「信任不通」，嚴重缺乏根本上的信賴，是拜豐臣秀吉出兵朝鮮所賜。但在「信任不通」的時期，因為朝鮮不定期派遣通信使往來於半島與列島之間的對馬，並去拜謁日本的「大君」，所以雙方能夠保持和平。不過，當政體發生改變，雙方的關係也會產生變化。受到「西洋的衝擊」的日本近代化，讓日本與朝鮮的關係變得不一樣。

原有的秩序與衝突，在日本與清朝之間浮上檯面之前，先出現在日本與朝鮮之間。完成明治維新的日本撤廢了幕府「大君」的體制，一直在進行的既有「交鄰」關係也單方面地出現變化，讓朝鮮方面感到排斥。

朝鮮的反彈應沒有輕易平息。從一八六八年宣告維新開始後，日本與朝鮮的關係爭論了好幾年都沒有結論，直到一八七四年日本出兵台灣，朝鮮看到清朝政權的危機了，日朝關係的爭論才有了轉機。

清朝一直警戒著日本對朝鮮半島的舉動，所以當日本出兵台灣時，清朝擔心日本也會派兵到朝鮮，便通知了「屬國」朝鮮政府。至此，朝鮮政府對日本的態度終於軟化，開始認真面對與日本的關係談判。不過，即使如此，朝鮮與日本之間仍然有著難以填補的鴻溝，日本甚至派遣軍艦，以武力示威，強迫朝鮮政府與日本簽署合約。一八七六年二月，朝鮮與日本簽署了江華島條約（日朝修好條規）。

江華島條約的重點在第一條，主要條文為：朝鮮為「自主之邦」，與日本有「平等之權」。「自主」是漢語，依當時的國際法文本，可以翻譯成「獨立」（independence）。締結條約是同為獨立國的國與國之間建立關係的方式。這是常識。日本打算藉此條文確認朝鮮不是中國的屬國而是獨立國，用西洋的標準來建立日本與朝鮮的關係。

但是，「自主」一般也有「自己管理」的意思。與清朝有「朝貢」關係的國家的內政與對外關係，都是「自主」的。當然朝鮮也一樣有「自主」的內政與對外關係。因此，清朝仍然繼續視朝鮮為自己的「朝貢」國、「屬國」；而朝鮮政府也沒有想過要改變一直以來的對外關係。至於與日本有「平等之權」，則是和以前的「交鄰」關係相同。朝鮮之所以接受江華島條約，與這樣的解釋有很大關係。

「琉球處分」引起的變化

江華島條約並沒有帶來什麼實質上的劇烈變化。可是儘管如此，日、清、朝的關係還是因為日本的近代化而開始動搖了。其中最大的轉捩點，就是「琉球處分」。「琉球處分」是首開清朝「屬國」「滅亡」先例的事件。再加上以壓制日本侵略朝鮮為目標的中日修好條規，也沒有辦法有效地抑止日本的行動。所以如果不思考新的抑止方法，恐怕就會有第二個琉球事件。

因塵這分擔憂而出現的，就是讓朝鮮與西洋諸國締結條約的提案。朝鮮若能與列強締結條約，日本就會忌憚於自己與列強的關係，而不敢輕易對朝鮮動手。在這樣的想法下，清朝開始在朝鮮半島推動這個提案。

朝鮮政府接受了清朝的忠告，首先在一八八一年年底展開與美國締結條約的交涉。朝鮮的使節在前往天津拜訪李鴻章時，接受了與西洋諸國締結條約的提案。之後，李鴻章幾乎一手攬下朝鮮的對外關係。朝鮮與美國簽訂條約的程序，是由李鴻章先在天津與美國協商條款，再由朝鮮政府簽署協商好的條款文件。

這個條約的主要目的，是陳述「朝鮮是清朝的屬國，但朝鮮擁有內政與外交的自主權」。這是為了表明從前清朝與朝鮮有「朝貢」關係，所以朝鮮是清朝的「屬國」，而特地促成的條約。藉著朝鮮與西方國家締結條約，來牽制及阻止日本侵略朝鮮的野心，並且確定朝鮮是清朝「屬國」的定位。利用締結條約得到列強的承認，用這種方式來牽制日本，當然更具效果。

但是，一八八二年三月下旬開始的美國條約協商，卻因為這一條文而有了異議。依照國際慣例，屬國與「自主」的獨立，是相互矛盾的地位，一個國家不可能同時具有兩個相互矛盾的地位。所以美國一直沒有同意這個條文。

李鴻章不得已，便安排朝鮮國王親筆給美國總統寫信，說明此一條文的用意。到了五月下旬，這封朝鮮國王親書的文件遞交到美國使節的手中，美國才終於接受了朝鮮既是「屬國」同時也是「自主」的國家，雙方在朝鮮的仁川簽署合約。朝鮮國王的親書信件除了給美國外，也在和別的國家簽署合約時，送達別的國家。

不過，讓「屬國」與「自主」並立的原因，並非完全源自於以前的「朝貢」關係。而是因為李鴻章等人見到朝鮮因為江華島條約的成立，與日本開始協商往來，彼此的關係愈來愈密切，於是產生了強烈的危機感。

一八七〇年代，不管是出兵台灣還是江華島條約，或是「琉球處分」，清朝原則上都不是「生番」、朝鮮、琉球的統治者，他們都是「自主」的。可是，如果放任朝鮮繼續「自主」的話，一旦朝鮮與日本聯結起來，那麼清朝或許就有危險了。

因此，條約上雖然給了「自主」的名目，但也注明了朝鮮是清朝的「屬國」。這是清朝對朝鮮問題的方針。清朝自然不會讓違反本身利害的「自主」實體化，萬一真的出現那種情形，必會加以干涉。不久之後，實踐這個對朝鮮方針的機會就出現了。兩個月後，一八八二年夏天朝鮮發生了壬午兵變。

壬午兵變與甲申政變

一八八二年七月二十三日，朝鮮的舊式軍人在漢城暴動，最後引發政變。這就是所謂的壬午兵變。在這場暴動中，因為有數名日本人被殺，日本公使花房義質甚至被驅逐，終於演變成朝鮮與日本的外交問題。

於是日本政府派遣了四艘、一支陸軍大隊的兵力，再一次派花房為公使，到漢城向朝鮮政府追究暴動的責任，同時表示要解決兩國間長久以來懸而未決的問題。

對中國來說，壬午兵變演變為一個重大的事件。朝鮮受到日本武力的壓迫，成為日本勢力範圍下的國家。清朝長久以來所擔心的事情，因為壬午兵變而成為現實。清朝政府深感危機迫近，為了牽制日本、平定朝鮮的內亂，及防範日本與朝鮮合作，於是派遣了三千淮軍到朝鮮。

日本與清朝原本都沒有開戰的打算。為了避免衝突，清朝更是積極地展開行動。一方面勸朝鮮政府的要人與日本坐上談判桌，一方面打擊暴動，讓舊政權復活。

也就是說，清朝在這個事件上，一方面讓朝鮮政府有「自主」性地與日本談判，取得花房的妥協；但另一方面卻堅決使用武力鎮壓朝鮮的內亂，干涉了「屬國」的內政。這樣的作法既符合「自主」的名義，也顯示了對「屬國」的態度。平息壬午兵變後，三千淮軍仍然駐留在漢城，清廷並且派顧問進入朝鮮政府，完全符合其對朝鮮的方針。

不管是朝鮮還是日本，都對清朝的作為不禁產生疑問。

朝鮮沒有對抗外國的軍備與武力。只能在條約關係下與日本、列強往來。但是，朝鮮會接受指導自己與外國締結合約，及為自己平定內亂的清朝的方針嗎？還是會脫離清朝的安排，走自己的路呢？被迫站在岔路上的朝鮮政府的要人們黨派分立，彼此對立的情況劇烈。

朝鮮政府的多數要人願意接受清朝的勢力與干涉，與他們對立的人則高舉朝鮮「自主」的旗幟，認為清朝的干涉與壓制是不正當的行為。金玉均等少壯政治家屬於後者。

日本也心有不滿。因為壬午兵變平息後，日本與朝鮮恢復了關係，但清朝卻公然開始以對待屬國的方式處理朝鮮的問題。視朝鮮為「自主之邦」，也就是獨立國家的日本，覺得必須阻止清朝的行動。

於是，在朝鮮政府中處於劣勢的金玉均等人的黨派，便與日本的勢力結合，建立朝鮮現代政權的心意十分堅定，終於在一八八四年十二月四日爆發了甲申政變。

在得到日本公使館的武力支援後，金玉均等人占領了王宮，得到朝鮮國王的支持，金玉均派取得政權。但是三天後，袁世凱率領清朝駐留在漢城的軍隊，以武力介入政爭，摧毀了金玉均等人的勢力。

甲申政變不是單純朝鮮半島的政權爭奪武力衝突，而是自一八六〇年代開始，潛伏在桌面下長達二十年的日本與清朝之間的矛盾，終於翻上檯面的政變。東亞前所未有的危機高漲了。

開戰——李鴻章的失算

此時清朝與日本都還沒有準備好要為朝鮮而戰。於是日本派了伊藤博文到天津，清朝方面則由李鴻章親自上陣，與伊藤博文進行協商。可說是兩大陣營的主將談判。

兩人從一八八五年的四月三日到十八日，進行了激烈的爭論，雙方都同意自朝鮮撤軍，並且達成以後若發生「重大的變亂事件」必須出兵時，一定要事前先照會對方的協定。單方面出兵的話，若被另一方知道了，就得有受到反擊的覺悟。這是相互抑止發動武力衝突的機制。這個機制讓雙方持續了將近十年的和平。

在這段時間裡，李鴻章重用了在甲申政變中建立軍功的袁世凱，推動朝鮮的臣屬化。到了一八八八年，清朝的北洋艦隊編制完成。兩年後，清朝更在旅順建設軍港與砲台，作為北洋艦隊的根據地，保持優勢。

日本當然不甘居於劣勢，無論如何也要在軍事力量上與中國維持勢均力敵的局面，於是也迅速地擴充軍備，編制可以對外戰爭的組織。日本的假想敵，當然是中國的清朝。

平靜地對峙了十年的中國與日本，終於出現了改變的機會。一八九四年春天，朝鮮南部信奉新興宗教的祕密結社——東學發動叛變，朝鮮政府無力鎮壓，便請清朝派兵援助。李鴻章答應了朝鮮政府的請求，派出三千兵力。對中國而言，這是按照「舊例」，「保護」「屬國」的行動。

李鴻章並沒有忘記十年前在天津與日本的協議。他很清楚，如果清朝出兵，日本恐怕也會很快派兵到朝鮮。明知如此，為什麼李鴻章還要派兵到朝鮮呢？當時日本正處於政府與議會對立的局勢，李鴻章因此判斷日本沒有餘力顧及中國派兵到朝鮮的事。李鴻章也知道自家軍隊有弱點，絕對不是希望戰爭才出兵朝鮮的。

但是，日本立即做出反應，很快地出兵朝鮮。李鴻章是當時清朝的軍事負責人，也是中國最了解日本的日本通，卻在最最重要的時候，誤判了敵國日本的國情。

當時的日本政府處於第二次伊藤內閣時期，外相是陸奧宗光。所謂的「陸奧外交」策略，就是把想要迴避戰爭的清朝，強拉進戰爭的漩渦中。既然清朝已經出兵了，日本想要挽回劣勢的話，只有行使武力一途。說起來日本也是被逼，才走到這一步的。

沒有軍事上的勝算，就不要挑起戰爭。日本是計算過彼此的戰力，才展開行動的。但是，北洋海軍也實在太脆弱了。八月一日兩國宣戰，隔月十五日的平壤之役與十七日的黃海海戰，日本都獲得大勝，並且在十一月二十一日占領北洋海軍的根據地——旅順港。隔年二月十二日，北洋艦隊投降。這是日本意料之外的大勝。

馬關條約與時代的轉換

一八九五年四月十七日，清朝與日本在馬關簽訂和約。清朝的全權代表是李鴻章，日本的代表是首相伊藤博文與外相陸奧宗元。這樣的組合與十年前相同。對於年近古稀的李鴻章來說，這次的任務非常艱辛。

馬關條約的第一條是承認朝鮮的國際地位為「完整無缺」的「獨立國」，解除朝鮮是中國「屬國」的地位，從此沒有「朝貢」的關係。第二條則約定把台灣割讓給日本。第四條約定中國賠償日本二億兩。此外，日本還獲得最惠國待遇，可以在通商口岸「自由地從事各種製造業」。這成為此後日本對中國的列強工廠建設輸出資本的大契機。

自上一個世紀以來清朝由「互市」、「朝貢」組合起來的對外關係，就這樣走向瓦解之路。原本是「互市」一部分的國際關係脫離了「互市」的框架，破壞了「朝貢」關係，整個體制完全轉換了。從此，中國無論如何都必須直接面對國際關係。在這樣的情況下，中日關係、東亞全體，也受到影響而產生變化。

俯瞰時間的長河，十九世紀後半的數十年，是中日關係的一大轉折點。

以前的中日關係基本上是一貫的，都是在大陸單方面的行動下形成的。日本古代國家形成、佛教傳入日本、日本的律令制皆是如此，遣唐使也一樣。中世紀宋朝與日本的貿易或「倭寇」現象等等，也是受到中國經濟上的吸引而出現的，當然還有來自「元寇」的強大軍事攻擊。若要說例外，那就是豐臣秀吉出兵朝鮮，與日本和明朝的戰爭吧！但到了近代，進入「鎖國」的日本，又恢復到中國單方面行動的模式。

如此想來，來自日本列島的積極影響，幾乎等同沒有。不過，明治時期日本的西化政策、軍事力量擴及朝鮮半島與大陸地區，動搖了一直以來的中日關係，不只是與清朝的關係，而是與整體中國的關係，並給東亞帶來新的樣貌。

中日關係終於轉變為名符其實的雙向關係。這是到了近代才有的現象。下一個世紀，整個東亞將進入全面西化，而承擔起這個準備工作的，不是當時的世界第一強國英國，也不是要爭取霸權的俄羅斯，不是歐美列強，而是日本。

這原本就不是一條和平安穩的道路，在十九世紀更是一條必須經歷血腥折磨的艱難之道。

第五章

險峻的時代——二十世紀前期

1 逐漸屈服的中國

「瓜分」的危機

中國必須重新面對的國際關係，已經進入到帝國主義的階段。列強的勢力對弱小國家的壓迫毫不留情，除了強迫弱小國家臣屬外，更擴大自己在弱小國家的軍事力、通商權與市場，同時統治了弱小國家的資本輸出與產業、金融。東亞和中國也沒有例外地受到帝國主義的壓迫。

清朝因為中日戰爭落敗而暴露地軟弱無能的一面，馬上成為列強爭相奪取的目標。除了在中日戰爭中獲勝的日本外，列強也在一旁虎視眈眈地準備從中國取得更多利益。其中最典型的例子，就是清朝政府為了對抗日本而與俄國簽下密約（中俄密約），俄國因此獲得興建清東鐵路的權利。清東鐵路是一條橫跨東三省，與西伯利亞鐵路接軌的鐵道，清朝給俄國鋪設與經營這條鐵路的權利。於是，以俄國為首，列強相繼在中國境內展開提供貸款、建立製造業、鋪設鐵道、開採礦山的事業。這是前所未有的局面。

不只如此，德國人還以德國傳教士在山東省被殺為由，派遣軍艦占領山東半島的膠州灣。一八九八年，膠州灣成為德國的租借地。不久後，原本應該與中國同盟的俄國竟然仿傚德國，強行向清朝租借了旅順與大連。而英國為了與德、俄抗衡，也強行租借了山東省的威海衛及香港的新界。法國也在隔年租借了廣州灣。列強就這樣以租借地為中心，劃分自己在中國的勢力範圍。

中國深刻地感覺到被「瓜分」的危機。在這樣的危機意識下，中國喊出了拯救國家免於亡國的「救亡」口號。

變法——以明治維新為目標

在傳統的中國觀念裡，「變法」是負面的詞彙。用西方、近代的標準來看事物、理解事物，對東方人來說是很辛苦的，因為以不變應萬變才是最高的智慧。這是儒家的普遍想法。所以改革這種事情在中國很難成功，一般人對改革者的評價也不高。北宋時代王安石推行新法失敗，就是一個例子。十九世紀後半以李鴻章為中心所推動的近代化，也一樣沒有成功。

然而，「救亡」已經迫在眉睫，再不思改變，國家就會真的面臨滅亡的命運，所以無論如何都要想辦法進行變革。一八九五年，簽署馬關條約的消息傳到正在舉辦科舉考試的北京。這個消息讓超過一千名的考生激憤不已，考生們抗議日清停戰還簽署了馬關條約，於是連署上書要求「變法」，以求富國強兵。

這時考生們所要求的「變法」，已經不只是針對軍備，還要求內政改變與制度上的變革。而日本明治維新的成功，就是一個榜樣。中國早就在注意日本了，明治維新的成功更深深撼動反對日清和談的知識分子的心。結果清朝又在甲午戰爭打了敗戰，更讓中國人大受打擊。不過，清朝政府一方面與日本和談，一方面又與俄國暗中結盟，這是完全相反的作為。

康有為是倡導「變法」的知識分子之一，也是那年參加北京科舉考試時向朝廷上書請求「變法」中的一人。康有為當時已經是知名的學者，他重新注解正統儒家的經典，認為孔子是制度的改革者，並且以此學說宣傳改革計畫，更試圖在政治上實踐改革計畫。

面對列強愈來愈激烈的「瓜分」行動，北京政府內部的危機感也愈來愈高。清朝的政府中樞也聽到了康有為的改革主張，於是清朝皇帝光緒在一八九八年的六月十一日，頒布「明定國是」之詔令，宣布朝廷要實行變法了。因為這一年是戊戌年，所以光緒皇帝的「變法」稱為「戊戌變法」或「戊戌維新」。

那時的光緒皇帝才二十幾歲，也是一位有銳氣的少壯知識分子。他非常認同康有為的構想，於是親自決定要盡快實施改革計畫，下詔指示在九月中旬以前一一實施具體方案。這個改革主要著眼於人才的養成以及行政機關的改革與整頓。但是每一個改革方案都是龐大的工程，不管是中央還是地方，面對一個個緊接而來的命令，莫不感到手忙腳亂，官場因此陷入恐慌之中。

義和團事件

反對激進改革「戊戌變法」的，也大有人在，他們不只是不遵從皇帝命令，還推出握有實權且反對「戊戌變法」的皇太后——慈禧太后，來增加自己的勢力。

康有為急於推動變法，於是想動用軍隊，以武力來壓制反對派。慈禧太后知道後，立刻展開反擊。最後的結果就是光緒皇帝被剝奪權力、幽禁宮中，推動「變法」的官員們也受到打壓，不少人因此獲罪被判處死刑或流放他鄉。這是一八九八年九月的事。

不過，列強很快就公開表示對這次政變的結果感到失望。因為他們讚許以西化為目標的改革行動，所以對光緒皇帝與「變法」派寄予同情。但列強的同情，加深了慈禧太后與其身邊官員對列強的反感。

不只朝廷與北京對列強感到憤恨，列強勢力快速擴張的華北地區的排外情緒更是高漲，接二連三地發生基督教會與傳教士被老百姓攻擊的事件。以山東為中心的義和團趁勢吸收了不滿外國人的老百姓，形成龐大的勢力。北京政府也放任義和團攻擊外國人，形同與義和團合作。

一九〇〇年，義和團進入北京，除了大肆破壞西方人建造的鐵軌、車站、電線桿，殺害各國外交官外，還與清朝的正規軍聯合起來，包圍、攻擊外國公使館。同年六月，北京政府對列強宣戰，列強也組成八國聯軍與之對抗。八月，聯軍占領北京。長江流域的各省地方政府此時不顧朝廷的宣戰命令，各自與列強談妥互不侵犯的決定，避免被戰事波及。清朝朝廷的權威因為義和團事件而大跌，不管是對外國還是國內，都失去了管控的力量。

一九〇一年九月七日，清朝與列強在北京簽署停戰的北京議定書（辛丑條約），列強在議定書內要求了宛如天文數字，總額高達四億五千萬兩的賠償金，也要求擁有在北京周圍指定區域內的駐兵權等等，以此作為對中國的懲罰。中國的國際地位從此大為滑落，甚至被視為從屬的國家。

日俄戰爭與其意象

俄國在義和團事件發生期間，以避免戰事波及東清鐵道為由，派了大軍進入東三省，此舉形同占領了東三省。英國雖然不願見到日本把朝鮮納入勢力範圍，卻更不希望看到俄國的勢力南下延伸，所以看到俄國的行動後，覺得大受威脅，便在一九〇二年一月與日本結盟，意在對抗俄國。俄國雖然之前與清朝締結了撤軍的條約，卻沒有履行承諾，反而加強了俄國在東三省的軍事力量。當日本再次要求俄國撤軍及調整在朝鮮半島的利益時，俄國斷然拒絕，雙方的談判也因此破裂。一九〇四年二月初，日本軍攻擊旅順，拉開日俄戰爭的序幕。

在這場歷經一年半的戰爭中，日本占領了奉天，並且獲得日本海戰爭的勝利，以此微的優勢打敗俄國，雙方簽署了樸茨茅斯條約。因為清朝也承認這個條約，於是旅順、大連的租借權，及東清鐵道中長春到旅順間的支線相關權益，從俄國人的手中轉移到日本人的手中。已經把朝鮮半島納入勢力範圍的日本，經過日俄戰爭後，一躍成為世界強國之一。

清朝政府雖然在日俄開戰時宣布中立，表示不參與日俄戰爭。但是，因為日俄戰爭的戰場就在中國的遼東地區，所以中國也受到很大的傷害。不過，儘管如此，日本與俄國的這場戰爭，對中國也不是全然沒有好處。日俄戰爭的結果，至少確保了清朝東三省的主權。

依當時的形勢來看，這一次的日俄戰爭，大多數國家在戰前都認為日本將會大敗，所以清朝政府對日本表示了善意，而日本政府也回應了感謝之意。但戰爭的結果卻是日本戰勝了被視為強大的俄國。這個事實給中國帶來很大的影響，讓中國的有志之士產生「俄國的專制帝制被日本的立憲君主制打敗」的印象。這是日後中國更傾向日本，加速改革運動的重要因素。

2 善鄰的時代

向日本學習

前述是筆者試著回顧一八九五年到一九〇五年動盪的歷史。用國際性的視角來看這十年的話，這十年是中國的國際地位一路往下滑落的時間。中國因為在戰爭方面兩度被打敗，不得不背負起沉重的債務與嚴苛的義務，境內的國土還淪為別的國家的戰場，而嘗試改革變法也以失敗告終。這樣的過程確實太悲慘了些。

然而，中國不只國際地位滑落，國家內部也發生無法忽視的變化。而那些變化和日本有著不可分割的關係。

從大航海時代到中日戰爭為止，對大多數的中國人來說，就算知道日本這個國家的存在，也只是知道日本是中國的「互市」國家，或者日本是以前的「倭寇」，如此而已。因此，多數中國人認為日本不是中國的貿易伙伴，除了會帶來軍事上的威脅外，其他什麼也不是，與中國也沒有互相尊重的觀念。這就是以中國思想為根基，賦予日本的定位。

但是，從中日戰爭以後，中國對日本的態度改變了。至於中國改變的原因，首先便是想要了解這個曾經交戰過，而且不會讓步的日本到底是怎麼樣的對手。中國想徹底了解為什麼日本贏了而中國輸了，也想知道自己的失誤在哪裡，然後去尋找變革與救亡的方法。

在這樣的想法下，「向日本學習如何變強」很快成為普遍的運動，這個運動尤其受到少壯派知識分子的認同。這些人雖然也曾經反對和日本和談，但是發現自己國家的積弊之後，他們對日本明治時代的發展感到敬畏。當這個敬畏之情超越了對日本的仇恨時，他們便轉為大力鼓吹學習日本。學習日本運動的最高點，就是一八九八年的「戊戌維新」。

但是，「戊戌維新」只維持了短短三個月，還不到百日就結束，一切都回到白紙般的階段，政局也從積極推動改革變法，轉變成反對改革變法。但即使如此，中國與日本之間的關係並沒有因此斷絕，反而更加緊密。

推動「戊戌變法」的康有為等人被救到外國公使館後，逃亡到日本，很快地在海外繼續推動改革運動。而日本理所當然地成為他們推動改革運動的最大根據地與戰略基地。

受到一九〇〇年的義和團事件影響，反改革的政治氛圍也結束了。屈服於西方國家的清朝政府只好重新回到兩年前丟棄的「變法」立場。隔年一月底，慈禧太后宣布制度改革的方針，陸續實施從上而下的改革。這就是「新政」。

日本政府讚許了中國「新政」行動，開始出現「保護中國論」，提倡不分官民地援助中國，積極強化中日關係。日本對中國的變革充滿期待。

日本人強烈恐懼列強，並且一心想要提高日本的國際地位，這是日本人「保護中國論」的第一個動機。日本「保護中國」的行動趨勢，與中國的變革行動互相呼應。事實上，中國為了推行「新政」，招聘了不少日本人做顧問。

立憲與日本化的中國

「新政」實際上就是「戊戌變法」的翻版，所以具體說來，新政還是以明治維新為範本，以建立立憲君主政體的近代國家為目標的政治改革。不管是在做整體立憲的準備，還是設置個別的組織，中國在推動「新政」期間，出現了中日史上少見的親密關係。例如：「新政」最讓人訝異的成果，便是天津警察制度的建立。那是從日本警視廳招聘來的三浦喜傳主導建立的警察制度，是與日本人、日本制度有著深刻的關聯。

不只是形式上，更重要的是建立制度的思考基礎與知識體系。梁啟超是提倡「變法」的康有為的弟子，他是一位政治家也是一位辦報人。梁啟超與康有為一起亡命到日本後，大量閱讀了日本書籍，並將從中得到的資訊、消息，陸陸續續地介紹回中國。梁啟超曾經感慨地表示：「自從能讀懂日語後，思想便改變了」。

那時的梁啟超大量使用日本人翻譯西洋概念時用的「和製漢語」，來完成中譯。「和製漢語」是新的語彙、新的漢文。他的中譯文體取代了舊式的文體，成為表達新事物的方法，這讓他成為中國史上最具影響力的辦報人、記者。梁啟超的文章激起了年輕人的熱情，也帶動了中國青年前往日本留學的熱潮。

因為日俄戰爭的影響，學習日本的趨勢愈發熱烈，中國向戰勝的日本學習的態度，變得更加明顯。日俄戰爭前後，在日本的中國留學生約是一萬人左右，但中日戰爭後的二十年內，從中國到日本的留學生竟然多達十萬人。

這個數字可以與通過中國國內科舉考試的「舉人」人數匹敵了。有千年以上歷史的中國科舉考試，就在這個時期廢除了。西式的學校體系與近代化教育課程的建立，正式地推動起來，能夠代替舊體制的新知識階層也陸續形成。

就這樣，透過向日本學習的風潮，中國人的觀念模式、思考方式改變了，中國的近代化日益成形。現在的中文裡，還是有不少和日本的漢語熟語共通的文句，其中包含了很多在這個時期從日本輸入的和製翻譯概念。例如「社會」、「自由」、「階級」、「主義」、「領土」等等。而成為中國目標的「立憲」、「憲法」等語彙，也是和製漢語。

一九〇八年由清朝政權完成的「欽定憲法大綱」，開頭便說「皇帝統治大清帝國，萬世一系，永永尊戴」，接著又說「君上神聖尊嚴，不可侵犯」。與日本的明治憲法幾乎一模一樣。那時中國立憲派的人物希望成立「責任內閣」，於是，受眾人期待的袁世凱便成為「內閣總理大臣」。中國的近代化裡，也包括了中國話的日語化。

辛亥革命與「和文漢讀法」

然而，中國立憲的過程並不順利。「新政」原本就是為了過渡到立憲制與近代化國家而實施的，同時也有強化清朝皇帝與中央政府的權力，及延續清朝政權的意圖。因此，「新政」新設的機關、組織的領銜者，多為滿州皇族，這讓漢人官僚與知識分子深感不滿，輿論的反彈也很大。於是，要求充實議會制度，建立國會與責任內閣的呼聲更加激烈。

因為這樣的情況，擁有鐵路鋪設權利的本土勢力階層，與推動鐵路國有化的政府，在一九一一年發生衝突，衝突情況愈演愈烈。這一年的十月十日，以推翻清朝政權為目標的革命派在武昌起義，接著，各省的政府也陸續脫離中央的統治。隔年一月，革命派在南京成立臨時政府，建立中華民國。中華民國開始了。這就是辛亥革命。

中國進入新的時代。這一年是日本的大正元年，原本保持著良好親密關係的中日兩國，開始出現裂痕。

但是，話說回來，中日雙方的關係真的是親近的嗎？中日的往來確實密切沒錯，但是往來密切就是親密嗎？關於這一點，就必須重新思考了。

甲午戰爭後，許多中國人前往日本學習，但是其中真正認真想要了解日本的人、了解了日本的人，到底有多少呢？

清朝與日本曾經大動干戈，如果不是日本獲勝的話，應該就沒有日清的親善關係吧！中國想向日本學習的根本動機，是因為對日清和談感到義憤填膺。所以，中國向日本學習的不是日本固有的文化、文明，而是移植到日本、強化了日本的西方文明。

最典型的例子，就是梁啟超的態度。他把日本人翻譯的西洋書籍，用所謂的「和文漢讀法」翻譯成中文。把「和文漢讀法」想成日本人直接用日語訓讀漢文的相反，就可以理解了。日本當時書籍使用的文體是漢文訓讀體，所以梁啟超的翻譯也就是把漢文訓讀體恢復成漢文。例如「書ヲ読マザルベカラズ」的中文譯文是「不可不讀書」。

日本人了解中國的途徑並不是漢文訓讀。但是日本人的學校授課一定會教漢文訓讀。以漢文訓讀作為學習的入門，是非常便利的。用日本人的漢語，就能接近中國文化。「和文漢讀法」也一樣，只用漢語就能知道西洋，確實很簡便。不過，這樣的學習雖然簡便，但在省略了必須學習西洋詞彙概念才能理解西洋的這個步驟的同時，也省略了學習日語才能理解日本這個不同文化的過程。如此一來，不用說對西洋的理解只有一知半解，即使到日本學習，也沒有了解真實的日本。從中國到日本的留學生，大多是如此。

但是，當時的日本人也和中國留學生沒有太大的差別。日本人用漢文訓讀閱讀漢文書籍，然而只靠漢文訓讀並不能理解真實的中國，而日本人也不想知道真實的中國。對很多日本知識分子來說，從漢籍可以知道從前的中國有很多聖人、賢人，但是，現在的中國已經凋零，和過去大大不同所以沒有值得學習、了解之處了。

更有甚者，日本人認為自己已經得到文明開化、西化的成果，遙遙領先難以實現西化的中國。這樣的優越感讓日本人毫無忌憚地蔑視中國與中國人。在不去正視事物的真實面貌這一點上，中日大同小異。

像這樣在社會上互相輕視對方，很快就會影響到國家之間的關係。到了大正時代、民國時代，雙方的關係果然一改從前，變得險峻而岌岌可危。

3 糾纏不清的中國與日本

撼動歷史的愛國主義

中國的革命以成為近代國家、憲政國家為目標，這一點與清朝時期的「立憲」目標相同；從深受「和製概念」的影響看來，兩者也幾乎是一樣的。「革命」這個中國漢語詞彙，自古以來就意味著王朝的更替，也就是revolution的概念。以小見大，可知中國革命所追求的，就是日本已經得到的近代國家體制。

中國的革命運動始於二十世紀初。當時的中國是官民不同道的王朝政權，所以缺乏國家、國民、國土為一體的觀念。於是梁啟超便呼籲使用「中國」這個字彙來表現國家、國土的整體，鼓吹愛國主義。在列強站在絕對優勢的國際競爭、弱肉強食、優勝劣敗的時代，梁啟超等人的目標就是建立一個獨立的，國家和人民一體的統一中國。

這個愛國主義成為推動未來歷史的原動力。在面臨被「瓜分」的情勢下，危機感愈強，愛國主義的情緒就愈活躍。日本也與中國的愛國主義有著深切的關聯。

日俄戰爭是轉變日本的一大要素。日本因為在這個戰爭中獲得勝利而變得強大，躋身因為義和團事件而向「中國」求償的「帝國主義」列強之林。日本因為樸茨茅斯條約，獲得了原屬於俄國的東三省租借地與鐵路權益。也就是說，日本得到了稱為關東州的旅順、大連，和稱為滿鐵的東清鐵道支線。

收回租借地與鐵路的權益，也就是實現愛國主義，是「中國」人的心願，東三省方面的租借地與鐵路權益當然也一定要收回。事實上，要求中國承認日本繼承了原屬於俄國的東三省與鐵路權益之事，在中日談判過程中並不順利，是後來日本外相小村壽太郎親自到北京，以高壓手段，強迫清朝政府承認的。但強硬的高壓手段刺激了「中國人」，讓已經崛起的愛國主義變得更加熾熱。

日本也有日本的主張。對日本人來說，日俄戰爭是確保日本在朝鮮半島的勢力，與確立日本列島國家主權的戰爭，也是甲午戰爭的重現。然而，日本戰勝俄國且深入中國大陸之事，在對外關係上犯了和以前受到三國干涉時一樣的錯誤，可以說是明治日本的失策。

日本深入中國大陸之舉，為北方與朝鮮半島的中日關係帶來政治、軍事上的對立。這個歷史先例，就這樣發生了。日本人的「滿洲」權益與「中國」人的愛國主義正面衝突，日後中日之間的不幸歷史，可以說從這裡開始了。

辛亥革命與中華民國的建國，是「中國」人愛國主義的表現。在剛剛訂立的《中華民國臨時約法》裡，明確地寫著「中華民國的領土」有「二十二」個省，這二十二個省當然也包括了東三省與「滿洲」。說得更明白些，這就是中華民國與日本帝國主義的矛盾所在。

二十一條要求

一九一四年六月二十八日，奧地利的皇位繼承人夫婦在塞拉耶佛遇刺，此一事件成為爆發慘烈戰爭的導火線，開啟了第一次世界大戰。

第一次世界大戰期間，歐洲列強因為前所未有的大規模戰爭而忙翻天，一時無暇顧及東亞的局面。當時日本的大隈重信內閣認為這正是日本擴大海外權益的大好時機，便在當年八月以英日同盟為由，首先出兵德國「租借」的山東省膠州灣。

那時的中華民國是臨時政府袁世凱主政時期。袁世凱政府向日本要求歸還日本占領的青島並撤軍，但日本沒有回應袁世凱政府的要求，還在隔年的一月十八日祕密向中國政府提出「二十一條要求」。

關於日本「二十一條要求」的重點，首先是要求中國承認日本繼承了德國在中國的權益；其次要求擴大日本在東三省、內蒙古的權益；第三要求不得租借、割讓沿海地區給他國，第四要求北京政府聘用日本人為顧問。其中日本政府最重視的第二項要求，因為後來顧慮到日本國內的情勢，而無疾而終。

但是，不管哪一條，都或多或少地牴觸中國方面的利益。袁世凱表面上答應日本提出的要求，暗地裡卻做了巧妙的處理。袁世凱政府把日本的要求暗中透露給列強與報界，日本因此招來中國境內外的反感。

日本在應對來自中外的抨擊時，表現得相當拙劣。在與二十一條要求相關的談判上，日本對中國做了相當程度的讓步，最後也刪除了引發議論的顧問條款，明顯表現出承受不了壓力的退縮姿態。在日本發出的最後通牒上，也接受了中國政府的要求，就是典型退縮的表現。

日本的形象完全惡化了。中國的愛國主義者以日本帝國為第一仇視目標，就是從這個時候開始的。中國每年五月在「國恥」紀念日舉行的各種排日運動，已經成為年度的例行公事。

另一方面，日本人當時並沒有感覺到二十一條要求將引發嚴重的事態。日本人拿自己的要求和列強以前的作為相比，覺得自己並不為過，因此認為中國人抗議日本人是不合理的。總之雙方的感覺南轅北轍。

不管怎麼說，二十一條要求造成雙方關係的裂痕，比日本預期的更為嚴重。結果日本最後不僅什麼也沒有得到，還讓中日關係陷入無法自拔的惡劣泥沼中。

「放棄一切的覺悟」

當時的日本外相加藤高明堅持向中國提出二十一條要求，認為延長旅順、大連的租借期最為重要，因為那樣才能確保日本在「滿洲」的權益。如果能達到這個目的，那麼占領山東省權益之事，就不是非堅持不可的事。反過來說，「滿洲」是以日俄戰爭的鮮血換來，是絕對不可以失去的戰果。這種程度上的差別，是當時日本人共通且一貫的利益重點吧！但問題就出在這裡。

如果想要更清楚地了解一九二〇年、三〇年代的中日關係，可以參考許多寫得非常清楚詳細的歷史書籍。這裡受到篇幅的限制，筆者無法多做敘述，僅引用石橋湛山這位不可多得的經濟學家的文字。這段文字就足以說明中日走向破局之路的原因了。

……不論日本採取何種形式的政治行動入侵滿、蒙，中國的國民都不會同意。另一方面，對於中國一再出現的排日運動，儘管日本人以為自己對中國過去的歷史與條約有諸多貢獻，並以此為理由，指責中國人的排日運動是不可理喻、不道德的事情。然而，這樣的抗議畢竟對解決問題一點幫助也沒有。中國人對於日本擴張主權到他們相信是屬於自己國家領土的滿、蒙，深感厭惡，而這個厭惡感無關合不合理，而是感情上的直覺。……戰爭最重要的，就是要知己知彼。在談判和平時，知己知彼也一樣重要。然而，我們日本國民不僅不了解中國，也不了解自己，可以說總是任性妄為。在這種情況下，不管是與中國作戰還是與中國談和，應該都不會順利。但日本國民應如何了解中國呢？……從《排日讀本》可以看出日本國民對中國的認識非常不足。中國現在正舉全國之力致力於統一。讀本中有所謂的排日記事，但那些記事不過是為了結合國民的力量，強化國民意識而選擇出來的教材。這也是我國自明治維新以來，為了建立統一的國家，至今仍然持續使用的方法。換言之，中國正在這一方面模仿明治維新以來的日本。這樣說一點也不為過。

這是石橋湛山在一九三一年滿洲事變（九一八事變）後發表的文章。滿洲事變是以南滿鐵路爆炸案為藉口，所引發的軍事衝突與政治事件，日本的關東軍藉此占領了東三省，還扶植了傀儡政權「滿洲國」。從此以後，日本與中國政府、國際社會的對立就更加嚴重了。在此對立的情況下，終於爆發了中日戰爭與太平洋戰爭。

石橋趁此時機簡潔地整理出以前的中日關係，並預測了中日關係的未來發展，表示日本因為太執著於「滿洲」，所以無法與中國達成和解。果然如他的見解，中國的愛國主義與日本的帝國主義，是沒有妥協的餘地的。

自從第一次世界大戰結束，日本提出二十一條要求以來，石橋就已經提出了這個觀點。一九二〇年代初，石橋呼籲日本人應該放開中國，放棄朝鮮與台灣這兩個殖民地，希望日本人要有「放棄一切的覺悟」。

日本人當時要是能接受石橋的觀點就好了。那樣的話，第二次世界大戰後的日本就不會過得那麼艱苦。但是，在當時的局勢下，就連石橋本人也覺得自己的觀點只是紙上談兵。在中國事務上，石橋的觀點基本上不是行得通的立論，而且偏重於經濟分析，更不符合日本的國民感情。至於要如何說服同胞，實行自己的觀點呢？石橋沒有想到這一點。

不過，前面引用的那段石橋的文字，確實所言不虛。日本人無視石橋的建言，以至於和談破局。這是日本人不懂中國，也不懂自己國家的結果，不僅給中國和鄰近國家帶來莫大的傷害，自己也落得傷痕累累，最後還是得「放棄一切」。日本人對朝鮮半島與中國的「覺悟」、態度，還是要從歷史上重新思考。

4 中國與日本的產業革命

目標是中國市場

進入大正與民國時代後，日本與中國的政治對立，有愈演愈烈之勢。雙方各自推動了各種產業革命，在經濟上發展出難以切割的關係，但兩國的實際關係卻走上了可以說是難以互相容忍的歷史局面。

日本自從走出「鎖國」，成為開放國家後，日本國產的生絲、茶葉等物產也可以出口到歐美，為日本賺取外匯了。但是，出口的貿易並沒有為日本帶來好處，因為握有通商主導權的是外國的商社。「鎖國」時期的日本商人經常在交易中被迫接受不利條件。要與有軍事力做後台，並且資金雄厚的歐美商人競爭，當然是非常不容易，只能以盡量增加商品項目的方式，來搶奪通商的主導權。

日本在與中國進行貿易時，也有相同的問題。江戶時代後半期開始，輸出海產等產物到中國的貿易，大多依賴在日本的華僑，所以貿易的實權也不在日本人的手中。中日之間的貿易幾乎被「清商」（清朝商人）壟斷。拿回「商權」與「國家利益」，是當時日本人的悲願。不過，在十九世紀之前，日本與中國的貿易以海產為主，而且在日本貿易總額中，只佔非常小的比重，所以並不重要。

讓中日貿易變得重要起來的原因，是甲午戰爭與之後的產業革命。產業革命後，日本能夠大量生產棉製品與雜貨等工業製品了，為了替這些工業製品尋找市場，日本把視線轉向中國大陸。

若按照以前的貿易模式，一直「壟斷」中日貿易的中國商人會一手攬下機械製棉紗等日本製商品，再輸出到中國進行交易。事實上，當時也確實有那樣的傾向。但對近代日本而言，這是非常嚴重且不願意看到的事態。於是日本的工商業者一致團結起來，決定試著不透過中國商人，直接把日本製的商品輸出到中國。也就是說，日本要從中國商人的手中奪回「商權」與「國家利益」。這也是日本產業革命的步驟之一。

此時日本最活躍，且具代表性的綜合型貿易產業公司，就是三井物產。三井物產不僅在上海、漢口、天津、廣州等中國的主要開放港口設有分公司，也在新加坡、孟買、香港、馬尼拉、台灣和韓國等東南亞地區開設分公司。一九一〇年日本輸出到中國的棉紗，出自三井物產的就占百分之三十二。這個數字當然是將中國商人趕出中日貿易後的數字。

中國人靠著地緣、血緣的關係，展現出「團結力量」的強大，他們是「近代」以來的商業組織。中國人的商業組織雖然有豐實的經驗與技術，但團結與信用的範圍有限。日本的商社是股份有限公司，擁有近代企業的資金力量與組織力，及分公司網絡，日本商社比中國商人更占優勢地進入工業製品的市場。

日本產品的普及

然而，歐美的貿易公司已經提前建立勢力，早就進入中國市場，如果再往內地，中國商人利用地緣之便，不僅控制著商品的流通，還設定了強大入門門檻來阻擋新來者。根據當時美國的調查，商品從工廠送到各地零售商的費用，占全部成本的百分之十五強。起步較慢的日本製品要賣進市場，必須先克服這個障礙。

於是三井物產等日本商社，便深入地方性的市場，將製品直接賣給消費者。但要做到這一點，就必須了解當地的語言、度量衡、商業習慣和消費者需求。

理所當然的，商社的當地分公司必須承擔起這些任務。但是，光是了解當地的語言、度量衡、商業習慣和消費者需求還不夠，政府當局還要率先進行有組織的市場調查。於是日本的農商務省派遣了實習生到當地，讓他們提出報告書，再依據報告書的內容，讓各地的勸業課或商業會議所整理出什麼樣的製品要在哪裡製造、能夠賣多少錢等情報，再把這些情報傳給當地商社與製造業者。這些紀錄如今都還留在「領事報告」或「通商彙纂」等史料中。如此一來，在降低製造與流通成本的同時，也可以製造出品質符合消費者風尚、嗜好、習慣的商品。

日本藉著這種官民一體的調查行動與情報累積，試圖開拓市場與改善生產的配備。不只對作為產業革命重點的棉製品如此，對所有生活雜貨製品也一樣。當時生活雜貨中的代表性商品是火柴。就這樣，針織品、火柴、膠皮長靴等日本製品不僅進入中國市場，也輸出到東南亞和南亞。這些產品輸出，都是透過前述步驟實現的。

中國紡織業的發達

可是，日本著眼於中國市場輸入日本製棉紗的局面，出現轉變。因為第一次世界大戰，日本製棉紗擴大輸出到中國市場的行動受挫。原因在於第一次世界大戰的交戰國家是以金為本位的列強，當時金價下跌，銀價上漲了。

近代以來，銀在中國的城市流通，兼具有外匯的作用，而地方市場使用的貨幣以銅錢為主。因為生產棉布是農村的副業，所以棉紗的主要購買者是農民，農民使用的是銅錢。

當銀的價格上揚，銅錢的價值便降低了，於是農民買的進口棉紗的價格隨之攀升。另一方面，在農村取得的原料棉花，比在都市或開放港口用銀子買等值的棉花更便宜，形成了棉花便宜棉紗貴的市場環境。也就是說，比起從外國輸入棉紗，購買中國境內的棉花，自己生產機械製棉紗，能獲得更多的利益。

中國都市的紡織業在這種情況下崛起了。中國本土的棉紗取代了從外國輸入的棉紗。一九二〇年代中期，中國國產棉紗幾乎完全取代了進口棉紗，棉紗的自給自足率達到了百分之百。以上海為中心的工業化紡織業，呈現出堪稱「黃金時期」的榮景。這讓以輸出棉紗到中國為主軸的日本紡織業，不得不把棉紗的生產據點轉移到中國。日本紡織業在中國生產的製品稱為「在華紡」。

但是，那樣的「黃金時期」並不長久。第一次世界大戰一結束，銀價回跌，市場環境完全逆轉，變成棉花貴棉紗便宜了。

之前，不管是日本企業的在華紡，還是中國企業的民族紡，都以生產提供農村紡織棉布的棉紗為主，但從這個時候起，在華紡與民族紡開始分化了。民族紡企業利用地利之便，在棉花生產地的內陸農村發展，降低取得原料的成本。相對於此，在華紡的生產工廠以上海為首，工廠大都設在開放港口，產品的成本相對提高，就不可能以生產農村紡織布用的棉紗為主了。於是日本企業的在華紡便採取了提高產品附加價值的策略，以圖生存。在華紡改變方向，轉為生產都市取向的高級棉布。

中日的紡織業就這樣劃分方向，一個走向農村，一個走向都市；但是不管走哪個方向，雙方的整體產業都擴大了。從這個角度來看，如果忽略了日本的存在，就不能分析中國的產業革命。

從排日到戰爭

中日在完成各自的工業化過程中，建立了密不可分的關係。日本製品回應了中國市場的需求，日系企業的行動對中國經濟的發展，也提供了不少幫助。

但是，不要以為這是一件好事。排斥日本貨的抵制運動，一再地爆發。日本因為滿洲事變（九一八事變）而飽受批評，國際聯盟李頓調查團的李頓報告書也讓中日關係更加惡化。不過，李頓報告書也指責了排斥日本貨的中國抵制運動。中日的經濟關係分明很密切，但政治上的關係卻尖銳地對立著。用現今的說法，「反日」的示威就是「政冷經熱」的現象。

從二十世紀初開始的抵制日貨運動，是歌頌愛國主義，對抗「帝國主義」的手段，說起來就是一種以政治為目的的運動。因為「帝國主義」的內容大多與經濟權利有關，藉由抵制商品或企業的罷工，對經濟本身一定會造成很大的影響。

日本貨成為抵制的主要目標的原因，首先便是政治上的意識形態，中國愛國主義的矛頭指向了日本的關係。但是，政治似乎也不是全部的原因，其中當然還有與實際利益相關的重要因素。

以今日來說，中國商人絕對不歡迎日本人進行直接貿易。……今日的抵制之火就算熄滅了，哪天有機會的話，一定會再次復燃，繼續排斥日本的商品。……

今日的中國人民普遍都還不開化，但是中國人中的商人和外國人接觸、談判的機會多，所以其中也有已經開化的人。而且在中國，民權派的政黨裡有專職的政治家，他們和商人聯手，要求商人出資幫助革命事業，因此中國的商人比日本維新時期的商人擁有更強大的勢力。但中國的商人也因此被老百姓厭惡，成為全國輿論的目標。……

對今日日本貿易進步持反對態度的中國商人擁有政治上的勢力，日本對中國的貿易愈繁榮，他們就愈能以低廉的價格取得日本生產的生活必需品，但供給日本原料才能獲得利益的大多數中國農民，卻幾乎一點勢力也沒有。因此今日的日本處於不利的地位，受到了民間的抵制。

前述引用的是內藤湖南的文章。內藤湖南在成為日本帝國大學的教授之前，是一位記者，即使轉職成為學者後，仍然持續投書給報社，提出觀點評論時事。上述是一九一九年內藤湖南發表於《大阪新朝日聞》的文章，論述日本的經濟活動與中國排斥日本產品的相關事態。

搶先在中國經營貿易的英國，對中國內地的情形也有不解之處，很多問題便委託中國商人去處理。相對於英國的作法，日本則是排除中國商人，開拓獨自的市場，完成商品的產業化。然而，明明比日本更加「帝國主義」的英國，卻很少成為中國愛國主義的矛頭目標，原因除了英國能夠巧妙地利用外交手腕外，就是避開了與中國商人的利益衝突。或許英國是把責任轉嫁給外表看起來特別強硬的日本了。

內藤湖南的文章也透露出日本人對中國的優越感。內藤稱許日本在中國的經濟活動是「革命」，視中國為「日本成為東洋文化中心」的一個證明，也認為讓中國「重新站起來」是日本人的「使命」。經濟上的衝突轉變成政治上的對立，是必然的結果。

回顧歷史，自大航海時代、「倭寇」時期以來，中日的經濟關係就逐漸變得密切。和那時的情形一樣，在中日的經濟關係密切時，政治上的關係卻變得險惡。把開拓擴大以上海為中心的南方市場，視為經濟上不可欠缺的行動的日本產品與日本企業，彷彿就是那時在東南沿海一帶的「倭寇」，他們是被中國憎恨的「貿易業者」。當年倭寇被「正規軍」驅趕，就像後來日本企業被中國排斥一樣。由此可知中日都沒有從歷史經驗中學習到教訓。

現在的中日是否仍然停留在十六世紀的朝鮮半島局部戰爭中呢？二十世紀時，對立的戰火從「滿洲」到華北，甚至擴大蔓延到中國的經濟中心上海。中日的衝突已經到了無法挽救的地步。一九三七年的淞滬會戰，讓日本陷入名符其實、宛如泥沼的中日戰爭。

結語

為了未來的中日關係

現在統管著中國大陸與十三億人口的中華人民共和國，在中日戰爭的「慘勝」中誕生。根據一九九一年的推算，這個戰爭的死傷人數高達兩千一百萬人。投降聯合國的日本在戰敗後，墜入幾乎亡國的深淵，在付出了龐大的犧牲，做了很大的改變後，才好不容易存活了下來。現代的書籍或文章在談論「中日關係」時，不少都是從戰爭或戰後開始說起的。因為雙方都是重新出發的國家，所以這種情況也是可以理解的。

換句話說，解析過去中日關係的拙作，任務已經在此結束。筆者將二十世紀中期以後的主要歷史事實，列表於書末。想進一步了解那些史實的讀者，可以從坊間的諸多優秀著作中，或網路上搜尋到大量的相關信息。

但現在還不是將那些信息或數據拿來做客觀歷史研究的時候。信息量太龐大，也是原因之一。

說到中日關係中最受爭論的議題，應該就是盧溝橋事變與南京大屠殺！但這兩個事件在歷史學上並不屬於學術性的研究，而屬於「歷史認識」的國際政治範圍，所以從歷史學角度去研究的話，很難有結論。就算是以討論過去中日關係為目的的論述，也無可避免地會影響目前的中日關係，其結果難免會助長「反日」或「厭中」的情緒，阻礙了雙方的相互了解。那是拙作不願意做的事。

簡而言之，以歷史的角度來看，中日戰爭是進入二十世紀後的中日關係塑造出來的結果，也是中國的「愛國主義」與日本的「帝國主義」對抗，以武力衝突的形式表現出來的結果。那麼，中日為什麼要對抗呢？在對抗以前，中日關係又是什麼模樣呢？如果能夠明白這些的話，應該有助於理解與思考戰後、現代與未來的中日關係。

乍看之下，現在的中國共產黨政權與過去的中國王朝似乎沒有相似之處。因為不管是政治、思想，還是經濟，中國共產黨政權都與從前的王朝不一樣。日本也是，現代的日本與過去武家政權時代的日本，從人的出身到人與人的關係，都相去甚遠。所以說，現代的人即使不知道歷史，也沒有關係，照樣可以過生活。這是大部分人的感覺。尤其是不熟悉的外國歷史，就算連模糊的輪廓都不知道，也一樣可以過日子。

對日本人來說，中國是近在身邊的鄰國，並且接受了這個鄰國的文字、思想、文化，甚至經濟、政治、軍事上的影響。確實是如此。可是，如果以為接受了中國的影響，就和中國的關係很親密，或者像是很親密，那就是一種的誤解吧？

如拙作提到的，日本和中國的關係實際上自古以來就是疏遠而不密切的。雖然說兩國是「一衣帶水」，但是儘管距離再近，兩邊的知識分子、民間的往來，卻一點也談不上密切。中日的歷史上，大多數時候雙方的關係就是如此。但令人驚訝的是：日本不了解中國，而且還不知道自己不了解中國。在這種情況下，當然很容易產生認知上的錯覺。「同文同種」這樣的說詞，是過於單純的思考產物。

交流疏淺時，摩擦就少；交流一旦變得密切，關係就開始惡化。過去的中日關係就是這種情況一再重覆。或許所有鄰居間的關係都是如此吧，這也是中日關係的歷史本質。這一點是必須充分了解的。

研究現代中國事件的日本人，不要凡事都去尋求歷史性的解釋。雖然尋求事件的歷史性解釋，能幫助研究者認識事件的全貌，但是不要這麼做。一直以來日本人所擁有的中國觀，無法解釋現代中國的事件，但如果放寬眼界去看中國，就會發現現在中國的事件大抵都會有歷史性的解釋。

筆者無才，說得再多也沒有說服力，只能「借鑑歷史」，借用中國學的泰斗吉川幸太郎的話。隨著不同時期的政權與意識形態，而改變已經認定的史實與其解釋，是絕對不可能的事。

例如現今中日關係「政冷經熱」的現象。在漫長的中日關係史中，「政冷經熱」其實是一貫的主題。這種政治與經濟的不協調，已經是歷史性的構造了。這樣的構造源自於「近代」之後中、日各自的社會構成，現在也仍然持續著。二〇一五年出現的「爆買」現象，其實就是「政冷經熱」的一種變體。如今，已不用為這樣的現象感到憂或喜了。

日本人長久以來對中國懷抱著憧憬。就像單戀一樣地，對不甚了解的對象懷抱著仰慕之心。但不管是人還是國家，也不分古今東西，這樣的心理可以說非常常見。對四面環海，幾乎不知道外國的日本人來說，地理上離自己最近，又擁有悠久而強大文明的中國，確實值得大大的仰慕。

與中國的關係變深，日本更清楚地看到中國樣貌的近代及二十世紀前半，也是西洋逼近日本的時代。日本人學習了西洋的技術、制度，也學會了西洋的種族歧視。而過度嚮往西洋的結果，就是變成凡事以西洋的文明為標準，於是日本人開始蔑視中國。

然而戰後，戰敗的日本不再對中國懷有強大的輕蔑之心。尤其在冷戰時期，日本與中國的關係雖然有所隔閡，但憧憬中國的念頭再度興起。

筆者彷彿還依稀聽到年輕的時候，呼籲中日「友好」、「連帶」的聲音。話說得很美。但是，非這麼說不可的背後，代表雙方的關係其實存在著險惡的因素。

「友好」的熱情一旦消失，接著出現的就是「反日」與「厭中」的情緒。因此，以中國學為目標的年輕人銳減了，正經的中國史書滯銷了。如筆者一般，以研究發出霉味的東洋史學為生的人，似乎只能被丟到神符箱中了。

極為膚淺的日本人正處於危險而艱難的中日關係中，誰也不知道未來會怎麼樣。

日本人既然有此憂慮，首先應該做的，就是要以「全面認識」對手為目標。「全面」是一種理想，或許只能在夢裡出現。但是，就算有不可能達到「全面認識」的自覺，也要有努力達成的心。

那裡不會缺少「歷史性的解釋」。那麼，像筆者這樣被丟到神符箱的人，或許也可以為明天做些什麼。

後記

包含了本系列的「當今新書」以每日工作繁忙的商務人士為主要讀者群，希望出版的書能對承擔著社會核心的人們有所助益。這是非常正確的宗旨。

只是，站在學者、歷史研究者這個距離世俗有點遠的立場來看這系列書時，難免會想：若是偏向實用的書就好，畢竟讀者是忙碌的社會人士，若書的內容過於奇怪，甚至是炫耀極端的論點，那就令人擔憂了。讀者可能因為那樣的內容而誤導了社會。

在資本主義的社會裡，沒有完全不能販賣的東西。但是，這並不表示即使是簡陋的、不良的商品，只要能賣就好的意思。

完成一本著作，把著作送出去時，心裡的想法是什麼呢？如果期望自己寫的是好的作品，就會對自己的作品產生「目前的內容都沒有問題嗎」的憂慮。愈是有良心，就愈覺得挫折。這種情形一點也不奇怪。

PHP研究所新書出版部的西村健先生就是這樣的人。他向只懂得對學生講授離世俗遙遠的中國史的筆者邀書，希望筆者完成在拙作中也曾提到的「正經的」歷史書。筆者藉著與西村健先生的談話，也略略窺見了出版這個行業的情況。

雖然接受了他的熱情邀約，但是筆者才疏學淺，以前一直沒有認真學習中日關係的歷史，因此花費了許多時日，讓極有耐心的西村先生一再等待後，才終於完成本書。

所謂「認真學習」，就是一般世人說的專心致力地研究調查。把發生在中日兩國間的事情，針對在某一個時期的某一個題材，進行精細的調查，累積調查的成果，進行論述。

這類的論述書籍很多。老實說，已經多到令人厭煩了。但中日關係也在這種「認真學習」下，不分古今的問題，得到了相當清楚的答案。

在「認真學習」下，想要多少主題就能有多少主題，不管是什麼時代、什麼時間，什麼樣的題目都可以成為調查研究的內容。但是，一面向光，就一定會有陰暗看不清楚的另一面。這是避免不了的必然傾向。

論述的作品變得如此之多，也是有道理的。但是，讀者可以了解研究的整體動態嗎？不管怎麼綑綁用過即等的免洗筷，也綁不出一座梯子。若想登梯俯瞰，千萬不可去綁免洗筷。

雖然筆者以前沒有「認真學習」，但也想完成「正經」的論述，更何況筆者也不是完全沒有學習。筆者只是對用過即丟的東西不感興趣。即使仔細地看了，也不想將它與全體性的通史分開來思考。

筆者生活在日本社會中，專長是中國史的研究。要客觀地敘述中日關係，就一定要退後一步，盡量從較遠的距離來觀察中日關係。就算麻煩，也要做個梯子，從高處去看中日關係。這是必要的。

中日關係在戰後七十週年的現在，仍然在惡化當中，關心中日關係的人，都抱持著危機意識。雖說眼下平靜無事，但日本首相的談話，還是引人注目。首相表示：今後會如何？這是無法預測的。

要怎麼看待中日今後的關係，是每個人的自由，在每個注視著這個關係的人眼中，都有屬於自己的問號。即使是讓人激動的「歷史認知」或首相的談話，也都只是漫長歷史中的一小段，必須要用冷靜的眼光觀察。如果拙作能成為一種助力，那就是讓筆者喜出望外的事了。

坊間的各類書籍眾多，拙作或許是其中少見的中日關係書籍，並且是「正經」寫出來的書。筆者自覺才疏學淺，所以特別請好友梶谷懷兄、藤本仁文先一讀拙作，給予筆者寶貴的指教。筆者在此致上謝意。

不管個人的好惡，若是沒有中國的話，就無法思考日本的存在問題。儘管條件不同，但今昔不變的事情就是：比起脫離世俗的學者，日夜勤奮地支撐著社會的人們，一定比學者更了解這樣的事情。

希望拙作能夠稍微打動各位讀者的心。這就是出版拙作的西村先生與筆者的小小心願。

二〇一五年六月　仰望賀茂的梅雨天空

岡本隆司

中日關係史 關聯年表

年代	事件
西元前一世紀左右	倭人分成百餘國，定期向漢朝朝貢。（《漢書・地理志》）
五七	倭奴國王使者向後漢朝貢，後漢光武帝賜予印綬。（《後漢書・東夷列傳》）
二三八	邪馬台國的卑彌呼向魏朝貢，魏授予親魏倭王的稱號與金印。（《三國志・魏書・東夷傳》倭人條）
四二一	倭王讚向宋朝朝貢。（《宋書・夷蠻傳・倭國》。以下同）
四二五	倭王讚向宋朝朝貢。
四四三	倭王濟向宋朝朝貢。
四五一	倭王濟向宋朝朝貢。
四六二	倭王興向宋朝朝貢。
四七八	倭王武向宋朝朝貢。

六〇七	日本派遣隋使到中國。（《隋書・東夷傳・倭國》。）
六三〇	第一次派遣唐使到中國。
六六〇	唐朝與新羅聯軍，滅了百濟。
六六三	白村江之戰。唐朝與新羅聯軍打敗了百濟與倭國聯軍。
八〇四	空海、最澄渡海到唐。
八九四	日本廢止遣唐使。
九六〇	宋朝建國。
十一世紀前半	宋朝發明火藥、羅盤，木版印刷普及。
十二世紀	日、宋進行民間貿易。
一一二七	金滅北宋。
十三世紀	鎌倉幕府以「御分唐船」與中國進行貿易。
一二七一	大元國開始
一二七四	文永之役。蒙古軍敗給日本。
一二七九	蒙古帝國併吞南宋。

一二八一	弘安之役。蒙古軍再度敗給日本。
十四世紀	日本的建長寺船、天龍寺船進行中日間的貿易。
一三三三	後醍醐天皇推行建武新政。
十三～十五世紀	前期倭寇。
一三六八	朱元璋建立明朝。
一三六九	明太祖要求「日本國王良懷」取締倭寇並向明朝朝貢。
一三八〇	胡惟庸黨獄。懷疑胡惟庸勾結日本。
一四〇一	足利義滿、博多商人肥富派遣僧人祖阿到明朝。
一四〇三	足利義滿呈送「日本國王源表……」為開頭的國書給明朝的永樂皇帝。之後開始了「勘合貿易」。
一四一九	應永外寇。朝鮮以擊退倭寇為名目，出兵對馬。
一四二一	明朝永樂皇帝遷都北京。
一四六七～七七	應仁、文明之亂。
一五二三	寧波之亂。日本大內氏與細川氏的貿易權利之爭。

一五四七	朱紈出兵打雙嶼港。之後的「嘉靖大倭寇」就是所謂後期倭寇。
一五五九	和雙嶼、日本貿易的王直被處刑。
一五九二	文祿之役。豐臣秀吉出兵朝鮮。
一五九七～九八	慶長之役。秀吉再度出兵朝鮮。
十七世紀	日本的金銀產量占全世界的三分之一。
一六〇三	德川幕府成立。
一六〇五	朝鮮使者在伏見城晉見德川家康與德川秀忠父子。
一六〇九	對馬的使者前往朝鮮。琉球成為日本薩摩藩的屬國。
一六一九	薩爾滸之戰。建州女真獨立。
一六二七	女真出兵朝鮮。
一六三五	日本柳川一件事件。暴光對馬藩竄改國書之事。
一六三六	大清國成立了。
一六三七	清朝出兵朝鮮。

一六四一	日本實行鎖國制度。荷蘭商館遷移到出島。
一六四四	明朝滅亡，清朝開始統治中國。
一六七三~八一	中國發生三藩之亂。康熙皇帝打敗了由吳三桂領導的三藩。
一六八〇年代	日本生產的銀幾乎沒有輸出到中國。
一六八三	鄭氏政權投降清朝，台灣歸入中國的版圖。
一六九五	日本荻原重秀的貨幣改鑄。
一七一六~	日本德川吉宗的享保改革。
一七七四	日本翻譯、發行《解體新書》。
一七八四	英國，茶葉的進口關稅下降了約百分之十。
一八四〇~四二	鴉片戰爭。
一八五三	美國海軍將領培里強行靠近日本的浦賀港。
一八五六~六〇	亞羅號戰爭（第二次鴉片戰爭）。一八六〇年英、法占領北京。
一八六八	明治維新。
一八七一	中日修好條規（日清修好條規）簽訂。

一八七四	日本出兵台灣，攻打「生番」的據點。
一八七六	江華島條約（日朝修好條規）成立。第一條是「朝鮮為自主之邦」。
一八七九	因為「琉球處分」，清朝失去了「屬國」。
一八八二	與美國進行條款協商，李鴻章認為美國承認朝鮮的「屬國」身分與「自主」。朝鮮發生壬午兵變。清朝在兵變結束後，讓三千淮軍駐留漢城。
一八八四～八五	朝鮮發生甲申政變。清朝與日本談判，規定今後要出兵朝鮮時必須事先通知對方。
一八八八	清朝完成北洋艦隊的編制。
一八九四	朝鮮東學黨起義。李鴻章派遣了三千兵力。
一八九四～九五	甲午戰爭。
一八九五	馬關條約簽訂。第一條承認朝鮮是「完全獨立的國家」。
一八九六	清朝與俄國締結密約。清朝允諾俄國鋪設、經營東清鐵路。
一八九八	康有為的構想引起光緒皇帝的共鳴，下詔變法。戊戌變法開始。慈禧太后鎮壓「變法」派的官員（戊戌政變）。
一八九九～一九〇一	義和團事件。
一九〇一	清朝與列強簽訂辛丑條約。

一九〇二	為了對抗把東三省納入勢力範圍的俄國，日本與英國結盟。
一九〇四～〇五	日俄戰爭爆發。最後日本獲得勝利。
一九〇五	樸茨茅斯條約簽訂。朝鮮成為日本的殖民地。
一九〇八	清朝頒布「欽定憲法大綱」。
一九一〇	三井物產輸出到中國的棉紗大幅成長，占總額的三成。
一九一一	辛亥革命。
一九一二	在南京設臨時政府，中華民國成立。孫文為臨時大總統，公布《中華民國臨時約法》。
一九一三	袁世凱就任中華民國總統。
一九一四	第一次世界大戰爆發。
一九一五	日本的加藤高明外相要求中華民國接受二十一條要求。袁世凱把這個情報透露給列強與媒體。
一九一九	五四運動。抗議承認二十一條要求的巴黎和會。
一九二一	中國共產黨成立。
一九二四	孫文允許中國共產黨員加入國民黨（第一次國共合作）。號召打倒軍閥與帝國主義。
一九二五	國民黨在廣州成立國民政府。

一九二六	蔣介石率領國民政府軍開始北伐。
一九二七	蔣介石在上海發動四一二政變，鎮壓共產黨。國民政府定都南京。
一九二七～二八	日本為了維護在滿洲的權益，三次出兵山東。第二次出兵時還占領了濟南。
一九二八	日本關東軍在鐵軌預埋炸藥，奉天軍閥張作霖因此而死。張作霖之子張學良歸順蔣介石率領的國民政府。
一九三一	關東軍在柳條湖炸毀鐵路，然後以此為藉口展開軍事行動，占領了大半的東三省（九一八事變）。 毛澤東在江西省瑞金成立中華蘇維埃臨時政府。
一九三二	關東軍為了分散國際社會的注意力在上海，引發一二八事變。 因為中國提告，國際聯盟派遣李頓調查團到中國進行調查。 關東軍扶持清朝的最後皇帝溥儀為執政（皇帝），成立「滿洲國」。 日本交換《日滿議定書》，承認「滿洲國」。
一九三三	李頓報告書視「滿洲國」為日本的傀儡國家。日本退出國際聯盟。
一九三四～三六	中國共產黨展開大長征，從瑞金到延安。
一九三五	中國共產黨提出「八一宣言」，呼籲停止內戰，建立民族統一戰線。
一九三六	西安事變。張學良監禁蔣介石，要求蔣介石停止內戰，展開抗日的行動。蔣介石接受了。

一九三七	發生盧溝橋事變，中日爆發軍事衝突。 上海租界的日本軍與中國軍發生衝突（淞滬會戰）。 第二次國共合作成立。中日戰爭開始了。 日本軍占領南京。國民政府遷都到重慶。
一九三八	日本首相近衛文麿發表「不與國民政府接觸」的聲明，放棄和平談判。 近衛首相聲明：戰爭的目的就是要聯合日、滿、華，建設東亞新秩序。
一九四〇	汪兆銘以日本為靠山，在南京成立親日政權。
一九四一～四五	太平洋戰爭。
一九四三	蔣介石出席開羅會議。
一九四五	日本接受波茨坦宣言。
一九四九	中華人民共和國建國。
一九七二	日本與中華人民共和國建交，雙方的關係趨於正常。

參考書目

岡田英弘，《倭国──東アジア世界の中で》，中公新書，一九七七年。
杉山正明，《忽必烈的挑戰：蒙古與世界史的大轉向》（クビライの挑戦：モンゴルによる世界史の大転回），八旗文化，二〇一四年。
檀上　，《永楽帝──華夷秩序の完成》，講談社學術文庫，二〇一二年。
內藤湖南，《日本文化史研究》，講談社學術文庫，一九七六年。
內藤湖南，《支那論》，文春学藝ライブラリー，二〇一三年。
辻本雅史，《教育を「江戸」から考える──学び・身体・メディア》，ＮＨＫ出版，二〇〇九年。
齋藤希史，《漢文脈と近代日本》，角川ソフィア文庫，二〇一四年。

角山榮，《「通商国家」日本の情報戦略：領事報告をよむ》，NHKブックス，一九九八年。
岡本隆司，《朝鮮的困境：在日清之間追求獨立自主的歷史》（世界のなかの日清韓関係史 交隣と屬國、自主と獨立），八旗文化，二〇一七年。
岡本隆司，《中國為何反日？：中日對立五百年的深層結構》（中國「反日」の源流），八旗文化，二〇一七年。
岡本隆司，《李鴻章——東アジアの近代》，岩波新書，二〇一一年。
岡本隆司，《ラザフォード・オルコック—東アジアと大英帝国》，ウェッジ選書，二〇一二年。
岡本隆司，《近代中国史》，ちくま新書，二〇一五年。
岡本隆司，《袁世凱：左右近代中國的俗吏與強人》（袁世凱：現代中国の出発），八旗文化，二〇一六年。

國家圖書館出版品預行編目資料

日中關係1500年：從朝貢、勘合到互市，政冷經熱交錯影響下的東亞歷史／岡本隆司著；郭清華譯. -- 初版. -- 臺北市：麥田, 城邦文化出版：家庭傳媒城邦分公司發行, 民108.04
面； 公分. --（歷史選書；75）
譯自：日中關係史：政冷経熱の千五百年
ISBN 978-986-344-643-9（平裝）
1. 中日關係 2. 外交史
731.4 108003365

歷史選書75

日中關係1500年

從朝貢、勘合到互市，政冷經熱交錯影響下的東亞歷史
日中關係史：政冷経熱の千五百年

作　　者／岡本隆司
譯　　者／郭清華
特 約 編 輯／余純菁
主　　編／林怡君

國 際 版 權／吳玲緯　蔡傳宜
行　　銷／艾青荷　蘇莞婷　黃俊傑
業　　務／李再星　陳玫潾　陳美燕　馮逸華
編 輯 總 監／劉麗真
總 經 理／陳逸瑛
發 行 人／凃玉雲
出　　版／麥田出版
10483臺北市民生東路二段141號5樓
電話：(886)2-2500-7696　傳真：(886)2-2500-1967
發　　行／英屬蓋曼群島商家庭傳媒股份有限公司城邦分公司
10483臺北市民生東路二段141號11樓
客服服務專線：(886) 2-2500-7718、2500-7719
24小時傳真服務：(886) 2-2500-1990、2500-1991
服務時間：週一至週五09:30-12:00・13:30-17:00
郵撥帳號：19863813　戶名：書虫股份有限公司
讀者服務信箱E-mail：service@readingclub.com.tw
麥 田 網 址／https://www.facebook.com/RyeField.Cite/
香港發行所／城邦（香港）出版集團有限公司
香港灣仔駱克道193號東超商業中心1/F
電話：(852)2508-6231　傳真：(852)2578-9337
馬新發行所／城邦（馬新）出版集團Cite (M) Sdn Bhd.
41-3, Jalan Radin Anum, Bandar Baru Sri Petaling, 57000 Kuala Lumpur, Malaysia.
電話：(603)9056-3833　傳真：(603)9057-6622
讀者服務信箱：services@cite.my

封 面 設 計／廖勁智
印　　刷／前進彩藝有限公司

■2019年（民108）4月1日　初版一刷　　Printed in Taiwan.

定價：360元

ISBN 978-986-344-643-9